Basiswissen

Methodik der Fallbearbeitung im Studium und Examen

Wie schreibe ich eine Klausur?

W0046753

2020

Dr. Uwe Pense
Richter am Landgericht

Dr. Jan Stefan Lüdde
Rechtsanwalt und Repetitor

ALPMANN UND SCHMIDT Juristische Lehrgänge Verlagsges. mbH & Co. KG
48149 Münster, Alter Fischmarkt 8, 48001 Postfach 1169, Telefon (0251) 98109-0
AS-Online: www.alpmann-schmidt.de

Dr. Pense, Uwe
Dr. Lüdde, Jan Stefan
Basiswissen
Methodik der Fallbearbeitung im Studium und Examen
Wie schreibe ich eine Klausur?
4. Auflage 2020
ISBN: 978-3-86752-699-9

Verlag Alpmann und Schmidt Juristische Lehrgänge
Verlagsgesellschaft mbH & Co. KG, Münster

Unterstützen Sie uns bei der Weiterentwicklung unserer Produkte.
Wir freuen uns über Anregungen, Wünsche, Lob oder Kritik an:
feedback@alpmann-schmidt.de

1. Abschnitt: Einleitung

Ab dem ersten Semester müssen Sie **Semesterabschlussklausuren** schreiben. Auch zum Bestehen des ersten Juristischen Examens wird nach den Prüfungsordnungen der Bundesländer (z.B. dem JAG NRW) als Prüfungsleistung die Anfertigung von **Examensklausuren** verlangt. Dieses Methodik-Lernbuch gibt Ihnen für beide Situationen die entscheidenden Hilfestellungen.

Die Arbeitsweise ist **für alle Rechtsgebiete** – Zivilrecht, Öffentliches Recht und Strafrecht – **im Wesentlichen gleich**. Sie wird daher gebietsübergreifend dargestellt, unter Benennung rechtsgebietsspezifischer Besonderheiten. Ferner ist die Arbeitsweise **für sämtliche Klausuren vom ersten Semester bis zum ersten Examen** (und darüber hinaus, soweit ein Gutachten zu erstellen ist) **gleich**. Dieses Methodik-Lernbuch ist daher **in jeder Phase des Studiums** ein wertvoller Begleiter.

A. „Methodik? Brauche ich nicht, ...

... ich fange lieber sofort damit an, Gesetze, Definitionen und Schemata zu lernen." So lautet der wohl **schwerste und folgenreichste Irrtum und Herangehensfehler**, der einem bei der Vorbereitung auf Klausuren im Studium und Examen unterlaufen kann.

In juristischen Klausuren wird eine **Fallbearbeitung**, d.h. die Lösung eines Falles verlangt. Der **Fall** besteht aus einem Falltext (konkreten tatsächlichen Ereignissen) und ein oder mehreren, mehr oder weniger konkreten **Fallfragen**. Ausgehend von der Fallfrage müssen Sie den Fall mit Hilfe der Gesetze und ihres abstrakten Wissens hierzu **rechtlich bewerten**. Punkte sammeln Sie weniger mit „dem" richtigen Ergebnis, welches es ohnehin nicht gibt. Entscheidend ist vielmehr, dass Sie ihr Ergebnis **verständlich begründen**, sodass der Leser ihre **Gedankengänge nachvollziehen** kann.

Die gestellten Arbeiten sollen einen **rechtlich und tatsächlich einfachen Fall** betreffen, der dem Prüfling Gelegenheit gibt, seine Fähigkeiten zur Erörterung von Rechtsfragen darzutun (vgl. § 10 Abs. 2 S. 4 JAG NRW). Diese Vorgabe stößt bei Studenten oft auf Verwunderung, empfinden sie die zu lösenden Fälle oft als schwierig. Das liegt nicht zuletzt daran, dass das **Lösen von Fällen und das Schreiben von Klausuren über Jahre, idealerweise ab dem ersten Semester trainiert werden müssen**, um beherrscht zu werden. Die Lage, in der ein Studienanfänger sich befindet, ist insofern vergleichbar mit der Situation vor dem ersten Schwimmunterricht oder dem Erlernen des Radfahrens.

Klausuraufgabe ist in aller Regel nicht die Darstellung abstrakten Wissens, sondern die **Beantwortung einer konkreten Rechtsfrage**, insbesondere die **Lösung eines konkreten Falls**. Zur Bewältigung dieser Aufgabe benötigen Sie zweierlei:

◾ Erforderlich sind solide, **abstrakte Kenntnisse der Rechtsordnung** nebst gängiger **Definitionen** ihrer Begriffe **(Dogmatik)**. Sie lassen sich mit auf das Wesentliche konzentrierten **Skripten, Aufbauschemata, Karteikarten und Definitionssammlungen** (z.B. aus dem umfangreichen Verlagsprogramm von Alpmann Schmidt) erarbeiten. Für die vollumfängliche Lektüre von umfangreichen **Lehrbüchern** fehlt Ihnen in der Regel die Zeit, punktuell können sie aber bei der Vertiefung nützlich sein. Idealerweise fertigen Sie auch **eigene Karteikarten** o.ä. an, denn Wissen erlernt man besser, wenn man es nicht passiv konsumiert, sondern sich aktiv „von der Hand in den Kopf" zuführt.

Sie müssen sich **enorme Kenntnisse der Dogmatik** aneignen, deren Umfang und Detailgrad vom ersten Semester bis zum Examen stetig steigen. Vieles müssen Sie **auswendig wissen** oder zumindest schnell **reaktivieren** können. Davon benötigen Sie aber **in der einzelnen Klausur nur einen ganz geringen Teil** – Sie wissen im Vorfeld nur leider nicht, welchen. Es kann gut sein, dass Sie in sämtlichen Klausuren bis zum 2. Staatsexamen nicht ein einziges Mal einen Fall z.B. zum Werkrecht lösen müssen.

◾ Es ist ebenso wichtig, das **Recht auf den konkret zu lösenden Fall anwenden** zu können. Diesen Vorgang bezeichnet man als **Subsumtion**. Die Subsumtion geschieht mittels spezieller Arbeitstechniken **(Methodik)**. Das beste abstrakte Wissen nützt nichts, wenn man es nicht richtig anzuwenden weiß. Sie halten ein Methodik-Lernbuch in der Hand, welches Ihnen die **grundlegenden, allgemeingültigen Kenntnisse** für diesen zweiten Schritt vermittelt (während die Falllösungen in den übrigen Produkten von Alpmann Schmidt diese Kenntnisse voraussetzen und sie am konkreten Fall anwenden).

Die **Methodik benötigen Sie vollumfänglich (!) bei jeder (!) Falllösung**. Nur eine methodisch überzeugend begründete Lösung führt dazu, dass **eine Klausur eine hohe Bewertung erhält**. Die erforderlichen **Arbeitsschritte und Arbeitstechniken** lassen sich relativ knapp und simpel darstellen. Sie passen komprimiert in dieses einzelne Methodik-Lernbuch in Ihren Händen. Wesentlich mehr Zeit müssen Sie (wie beim Radfahren oder Schwimmen) nach der Lektüre auf das Einüben der Techniken verwenden. Methodische Fähigkeiten kann man nicht „wissen", man muss sie **trainieren und beherrschen**.

Versuchen Sie, **jedes der folgenden Beispiele nachzuvollziehen**. Dazu müssen Sie die **genannten Normen nachschlagen!** Die Beispiele sind so gewählt, dass sie in der Regel bereits für Studienanfänger verständlich sind. Dieses Methodik-Lernbuch vermittelt Ihnen den Umgang mit dem Gesetz, also müssen Sie **in das Gesetz hineinschauen**!

Auch, wenn Sie noch nicht alle **gedruckten Gesetzessammlungen** besitzen, finden Sie jede Norm bequem mit Hilfe entsprechender **Suchmaschinen oder Apps**. Seien Sie sich aber dabei bewusst, dass (noch...) in den Klausuren an den Universitäten und im Examen nur ausgewählte gedruckte Sammlungen genutzt werden dürfen. **Den Ernstfall trainieren** Sie daher am besten, indem Sie **grundsätzlich diese zugelassenen gedruckten Sammlungen** und nur ausnahmsweise sonstige Quellen **benutzen**.

B. Arbeitsbereiche und Arbeitsschritte der Fallbearbeitung

Die Arbeitsschritte lassen sich **drei Arbeitsbereichen** zuordnen:

- Innerhalb des **ersten Arbeitsbereichs (Arbeit am Sachverhalt)** bestehen drei Arbeitsschritte **(Schritte 1, 2, 3)**: Sie müssen den Sachverhalt vollständig und richtig kennen und beherrschen. Dazu müssen Sie ihn aufnehmen (1), aufbereiten (2) und schließlich kontrollieren (3).
  Die Arbeit am Sachverhalt erfordert die **richtige Lesetechnik**.

- Innerhalb des **zweiten Arbeitsbereichs (Begutachtung des Falles)** bestehen fünf Arbeitsschritte **(Schritte 4, 5, 6, 7, 8)**: Der Sachverhalt muss in Richtung auf die Fallfrage juristisch bewertet werden. Sie müssen dazu die Fallfrage aufnehmen und aufbereiten (4), Rechtsnormen sammeln und ordnen (5), diese anwenden (6) und ihre Überlegungen dabei in einer Lösungsskizze festhalten (7) und Ihre Lösungsskizze kontrollieren (8).
  Bei der Begutachtung des Falles geht es um die Anwendung der **richtigen Denktechnik**.

- Innerhalb des **dritten Arbeitsbereichs (Erstellung des Gutachtens)** bestehen zwei Arbeitsschritte **(Schritte 9, 10)**: Der Gedankengang der rechtlichen Beurteilung des Falles muss schriftlich ausformuliert werden. Sie müssen auf Basis der Lösungsskizze ein Gutachten anfertigen (9), welches Sie ebenfalls einer Schlusskontrolle unterziehen müssen (10).
  Bei der Erstellung des Gutachtens geht es um die Beherrschung der **richtigen Schreibtechnik**.

Anfangs sollten Sie die Schritte und Arbeitsbereiche strikt voneinander **trennen und einhalten**, um sauber zu arbeiten, nichts zu vergessen sowie um eine Leitlinie zu haben, der Sie folgen können. Als **Fortgeschrittener** werden Sie dann immer öfter merken, dass die Schritte und gelegentlich auch die Arbeitsbereiche **ineinander übergehen**. Auch insofern ist es also wie beim Schwimmen oder Radfahren, welches irgendwann „automatisch" geschieht. Dieser Übergang ist kein Problem, solange sie nur stets daran denken, dass man **immer zuerst den Fall kennen muss, bevor man ihn gedanklich und sodann schriftlich lösen kann**.

Die folgenden Inhalte und Beispiele werden zwar in aller Regel eine wertvolle Hilfe und eine gute Richtschnur sein. Es lässt sich aber immer eine krass atypische Situation konstruieren, welche dann eben auch einer atypischen Herangehensweise bedarf. Wie in der gesamten Juristerei gilt daher auch für die Methodik des Klausurenschreibens: **Es kommt immer auf den Einzelfall an! Keine Regel ohne Ausnahme!**

Die Juristerei ist zwar zu einem großen Teil von **mathematisch-logischem Denken** geprägt, aber die wirklich anspruchsvollen Konstellationen entstehen gerade dann, wenn dieser **Prozess kreativ durchbrochen** wird. Solange Computer nicht auch Letzteres können, haben Juristen gute Berufschancen.

C. Beispielsfall

Vollziehen Sie den Lösungsweg des folgenden Falles bei der weiteren Lektüre **nach**. Er eignet sich besonders für Leser im ersten Semester, gerade weil diesen die relevanten Rechtsgebiete und daher die **Lösung nicht ansatzweise bekannt sein** werden. Sie sind daher umso mehr auf die **Anwendung der Methodik** angewiesen.

Der Pinscher-Fall

F geht mit ihrem angeleinten Pinscher spazieren. Der Pinscher wird von einem freilaufenden Schäferhund angefallen. F ruft: „Hilfe!" A trennt die Hunde, dabei wird er von dem Schäferhund gebissen und sein Anzug wird beschädigt. Der Halter des Schäferhunds ist nicht bekannt. A verlangt von F Ersatz. Zu Recht?

2. Abschnitt: Erster Arbeitsbereich: Arbeit am Sachverhalt (juristische Lesetechnik)

Die **Aufgabe** besteht zunächst darin, sich den richtigen Sachverhalt, also das **tatsächliche Geschehen, zu erarbeiten**.

Es dürfen nur die im Sachverhalt genannten Tatsachen der rechtlichen Beurteilung zugrunde gelegt werden. Grundsätzlich gilt: **Der Sachverhalt ist heilig.** Der Fall ist zu lösen, wie er zur Aufgabe gestellt worden ist. Es dürfen **keine Tatsachen hinzugefügt oder weggelassen** werden. Vor einer Sachverhaltsmanipulation (sog. „Sachverhaltsquetsche") wird eindringlich gewarnt.

Die folgenden Techniken sind lediglich – obgleich seit Generationen von Juristen bewährte – **Anregungen**. Sie dürfen und sollen **Ihre persönliche Technik** entwickeln, mit der Sie am besten zurechtkommen. Das ist auch eine Typfrage und es spielt keine Rolle, ob irgendjemand außer Ihnen selbst diese Technik nützlich findet.

Zudem müssen Sie in jedem **Einzelfall** entscheiden, welche Technik(en) Sie schwerpunktmäßig, nur am Rande oder überhaupt nicht nutzen. Die Techniken sind kein Selbstzweck und Sie erhalten für ihre Beherrschung auch nicht unmittelbar eine Note, sondern sie dienen alleine **dem zentralen Ziel** des ersten Arbeitsbereichs: Sie müssen **den Fall vollständig und zutreffend „draufhaben"**.

A. Aufnahme des Sachverhalts (1. Schritt)

Zuerst müssen Sie den Fall **richtig und vollständig aufnehmen**. Sie müssen den Sachverhalt erfassen (I.) und die Sachverhaltsumstände sammeln (II.) und gegebenenfalls ordnen (III.).

I. Erfassen des Sachverhalts

1. Lesen des Falltextes

Sobald Sie den Sachverhalt erhalten, schauen Sie als erstes, ob er auf der **Rückseite** weitergeht. Dann **lesen** Sie den Sachverhalt gründlich und konzentriert durch, idealerweise **zweimal**.

Auch, wenn Sie meinen, den Sachverhalt bereits genau verstanden zu haben, ist es ratsam, **während der sich anschließenden Fallbearbeitung** immer wieder in den Sachverhalt zu schauen. Eine umfassende und gute Falllösung wird insbesondere mit einem ständigen Hin- und Herwandern des Blicks zwischen Sachverhalt und rechtlicher Begutachtung entwickelt **(Pendelblick)**.

2. Hineindenken in den Sachverhalt

Das Erfassen des Sachverhalts erfordert ein **aktives Hineindenken** in den Fall. Versuchen Sie, **sich selbst als Teil der Geschichte zu sehen** und den Fall „wie selbst erlebt" zu betrachten.

Folgende **Techniken** können Sie anwenden:

- Bei der **Rollentechnik** versetzt man sich in die Situation der verschiedenen im Fall beteiligten Personen. Aus der Sicht jeder einzelnen Person sind deren Interessen zu erfassen und nachzuvollziehen. Aus dem Interesse einer Person lässt sich das rechtliche Begehren ableiten, das dann später im Rahmen der juristischen Begutachtung Ausgangspunkt für das Anspruchs- oder Klagebegehren im Zivilrecht und öffentlichen Recht ist.

- Bei der **Filmtechnik** lässt man das Geschehen wie einen Film vor seinem geistigen Auge ablaufen. Diese Technik empfiehlt sich insbesondere, wenn die Strafbarkeit oder zivilrechtliche Haftung bei mehreren aufeinanderfolgenden Handlungen oder wenn die Rechtmäßigkeit mehrerer (polizei-)behördlicher Verwaltungsakte zu beurteilen ist.

- Bei der **Erzähltechnik** berichtet man einem fiktiven Zuhörer über den Sachverhalt. Insbesondere bei sehr abstrakten Sachverhalten (in einigen Bereichen des öffentlichen Rechts und des Sachenrechts) bietet sich dies an.

 ## II. Sammeln der Sachverhaltsumstände

1. Sachverhaltsumstände

Sachverhaltsumstände sind alle im Sachverhalt geschilderten tatsächlichen Umstände. Dazu gehören insbesondere das **Verhalten** von Personen und sonstige Geschehnisse sowie die **Eigenschaften** von Personen oder Gegenständen. Hinzu kommen weitere **Daten**, beispielsweise Zeitangaben oder Maßangaben.

Vermeiden Sie dabei **vorschnelle unterbewusste rechtliche Festlegungen** aufgrund stereotyper Rollenbilder und Klischees. Sie befinden sich weder in den Vorarbeiten für einen politikwissenschaftlichen oder sozialwissenschaftlichen Text noch für ein Rede auf Stammtischniveau. Sie wollen vielmehr ein Rechtsgutachten vorbereiten, welches die objektive Rechtslage darstellt.

Beispiel: Die „verarmte, an den Rollstuhl gefesselte Rentnerin" hat nicht automatisch einen Anspruch gegen den „unbarmherzigen, in der Vergangenheit wegen Steuerhinterziehung belangten Großkonzern".

Beispiel: Die polizeiliche Durchsuchung des „zwielichtig dreinblickenden Obdachlosen mit Migrationshintergrund und langem Vorstrafenregister" ist ebenso wenig automatisch rechtmäßig, wie seine Strafbarkeit automatisch feststeht.

2. Sammeln

Alle Sachverhaltsumstände können für die Lösung relevant sein. Daher müssen Sie **in der ersten Phase grundsätzlich ausnahmslos alle Sachverhaltsumstände erfassen**. Jedes Detail, mag es zunächst auch noch so unwichtig erscheinen, kann für die rechtliche Beurteilung bedeutsam sein.

Vielfach enthält der Sachverhalt Angaben, die **letztlich für die spätere rechtliche Beurteilung nicht relevant** sind. Diese sollen den Sachverhalt anschaulich machen und in einen Sinnzusammenhang bringen. Es wäre jedoch verfehlt, bereits jetzt Sachverhaltsumstände vorschnell auszuschließen, weil sie keine Bedeutung für die Falllösung zu haben scheinen. **Treffen Sie keine vorschnelle Auswahl.** Diese Beurteilung kann verlässlich erst im Rahmen der späteren juristischen Begutachtung getroffen werden.

Beispiel: „An einem verregneten Sonntag ging A..." klingt zunächst nach einer unverfänglichen Einleitung. Der Wochentag kann aber etwa bei einer Fristberechnung (vgl. § 193 BGB) oder bei einem Verstoß gegen erlaubte Ladenöffnungszeiten (vgl. §§ 4 Abs. 2, 5 LÖG NRW) relevant werden. Das Wetter kann etwa bei der Haftung für einen Verkehrsunfall von Bedeutung sein.

Selten stellt der Aufgabensteller auch bewusst Finten (**„Nebelkerzen"**). Auch diese müssen Sie sammeln, denn Punkte erhalten Sie auch für die Begründung, weshalb ein Umstand gerade keine rechtliche Relevanz hat.

Beispiel: Der 17-jährige M beschädigt fahrlässig eine Fensterscheibe und kauft als Vertreter seines Vaters einen Pkw. –
M mag beschränkt geschäftsfähig sein (§§ 106, 2 BGB). Gleichwohl haftet er dem Eigentümer der Scheibe nach § 823 Abs. 1 BGB, da er das siebente Lebensjahr bereits vollendet hat (§ 828 Abs. 1 BGB) und nicht ersichtlich ist, dass ihm die Einsichtsreife fehlt (§ 828 Abs. 3 BGB). Ferner kann auch ein beschränkt geschäftsfähiger wirksam als Vertreter auftreten (§ 165 BGB).

3. Ideenzettel

Sie sollten bereits beim Sammeln der Sachverhaltsumstände einen Ideenzettel anlegen. Auf diesem Zettel können Sie die ersten **spontanen Ideen** notieren. Es kann sich um erkannte Probleme, Parallelfälle, ein Argument bzw. eine Norm oder sonstige Besonderheiten handeln. **Die ersten Ideen sind oft die besten!** Im weiteren Verlauf der Bearbeitung sollten Sie immer wieder auf diesen Zettel schauen. Am Ende sollten Sie sämtliche Notizen abgearbeitet haben – sei es durch Aufnahme in Ihre Lösung oder durch Streichung.

4. Ordnen der Sachverhaltsumstände

Der Falltext schildert den Sachverhalt meist in chronologischer Reihenfolge. Manchmal werden aber einzelne Umstände auch nachgeschoben oder mit der Fallfrage verbunden. Dann sollten Sie den Sachverhalt zunächst **chronologisch ordnen**.

Beispiel: „A ging am Dienstag ins Kino. Bereits am Montag hatte A den B angerufen."

Beispiel: „Welche Ansprüche hat X gegen Y, wenn Y bereits im Januar erfahren hatte, dass das Auto gestohlen war?"

Es kann allerdings geboten sein, den Sachverhalt nicht streng chronologisch, sondern nach **Sachverhaltsabschnitten**, nach **Personen** oder nach **Rechtsfolgen** aufgliedern.

5. Ordnen nach Sachverhaltsabschnitten

Eine Aufgliederung in Sachverhaltsabschnitte bietet sich an, wenn der Sachverhalt aus unterschiedlichen **eigenständigen Lebenssachverhalten** besteht, die derselben oder verschiedenen Personen widerfahren.

Beispiel: A mietet bei B im März ein Motorrad und gibt es im Oktober zurück. Ferner leiht A bei C im Mai einen Wohnwagen und gibt ihn im August zurück.

6. Ordnen nach Personen

Eine Aufgliederung nach Personen ermöglicht es, ihre **Beziehungen zueinander** zu betrachten.

Beispiel: A hat einen Vertrag mit B. B hat einen Vertrag mit C. A, B und C haben einen dreiseitigen Vertrag miteinander.

Beispiel: A beleidigt B und bestiehlt C. A und D zünden das Haus von B und C an.

7. Ordnen nach dem Begehren

Die Aufgliederung nach dem Begehren der Personen ermöglicht es, sich ihre **Ziele** und **Interessen** zu verdeutlichen. Hieran anknüpfend können Sie dann später diejenigen Rechtsnormen suchen, mit deren Rechtsfolge sich das Begehren verwirklichen lässt.

Beispiel: A verlangt von B Schadensersatz. B verlangt gegenläufig von A Herausgabe und Übereignung einer Sache.

Beispiel: A strebt eine Baugenehmigung für ein Gebäude an. B möchte, dass es dem A untersagt wird, sein Gebäude als Bordell zu nutzen.

B. Optische Aufbereitung des Sachverhalts (2. Schritt)

Um die Aufnahme des Sachverhalts zu fördern, sollten Sie ihn auch **optisch veranschaulichen**.

I. Kenntlichmachen von Textpassagen

Das Kenntlichmachen einzelner Textpassagen dient dazu, den Falltext selektiv zu betrachten. Umstände, denen eine **besondere Bedeutung** zukommt, sollten Sie **hervorheben**.

1. Mittel der Kenntlichmachung

Mit einem **Textmarker** können Sie einzelne bedeutsame Textpassagen hervorheben. Mittels **verschiedener Farben** können Sie zudem bestimmte Umstandsgruppen einheitlich kennzeichnen.

Alternativ oder kumulativ können Sie mit **Unterstreichungen und Einkreisungen** arbeiten. Als Symbole können Sie u.a. verwenden:

▦ Linie	————————	z.B. für Handlung/Erklärung
▦ Doppellinie	════════	z.B. für Erfolg
▦ unterbrochene Linie	– – – – – – –	z.B. für inneren Gedanken
▦ Kreis	◯	z.B. für Person
▦ Oval	⬯	z.B. für Eigenschaft
▦ Rechteck	▭	z.B. für Gegenstand

2. Objekte der Kenntlichmachung

Rechtsgebietsübergreifend können Sie insbesondere **Personen**, deren **Handlungen** (Realakte und Willenserklärungen) und **inneren Willen** sowie **Gegenstände**, **Eigenschaften** sowie **Orts-** und **Zeitangaben** kenntlich machen. Im Übrigen können je nach Rechtsgebiet weitere Umstände bedeutsam sein.

Im **Strafrecht** bietet es sich beispielsweise an, die **Verben** deutlich zu kennzeichnen. Damit wird das **objektive Verhalten** einer Person deutlich, welches Anknüpfungspunkt für eine Strafbarkeit ist.

Weiter lässt sich mit einer anderen Kennzeichnung das markieren, was die Person **gedacht** hat. Damit wird der **innere Wille** deutlich, der zur Feststellung des Vorsatzes erforderlich ist. Diese beiden Umstände sind entscheidend für die Strafbarkeit des Täters.

Stimmen objektives Verhalten und subjektiver Wille überein, ist eine **Vorsatztat** möglich. Fehlt zu einem objektiven Verhalten der subjektive Wille, kommen **Irrtümer** und/oder eine Strafbarkeit aus **Fahrlässigkeit** in Betracht. Ist nur der subjektive Wille gegeben, nicht aber ein objektives Verhalten, kommt eine **Versuchsstrafbarkeit** in Betracht.

3. Umfang der Kenntlichmachung

Eine Kenntlichmachung ist nur dann **effektiv**, wenn sie **selektiv** erfolgt. Sie sollten **sparsam** vorgehen und nur besonders wichtige Passagen oder Wörter hervorheben. Zudem sollten Sie die Kennzeichnung für den gesamten Falltext **einheitlich** anwenden.

II. Anfertigen einer Fallskizze

In einer Fallskizze auf einem gesonderten Blatt Papier sollten Sie den Sachverhalt sodann grafisch darstellen. Dadurch können Sie **den kompletten Fall auf einen Blick** sehen.

1. Sachverhaltsbeziehungen

Eine Fallskizze über die Sachverhaltsbeziehungen stellt die **Relationen der beteiligten Personen** dar. Insbesondere im Zivilrecht lassen sich damit die Rechtsbeziehungen zwischen den beteiligten Personen (als Rechtssubjekte) untereinander und/oder zu Rechtsobjekten (Sachen und sonstigen unkörperlichen Gegenständen) kennzeichnen. Sie können z.B. folgende Zeichen verwenden:

- Vertrag zwischen A und B A ════════ B
- Anspruch des A gegen B A ─────▶ B

Soweit Ihnen die zugehörigen **Normen** bekannt sind, können Sie diese – im Vorgriff auf den zweiten Arbeitsbereich – notieren.

Beispiel: Wenn A und B einen Kaufvertrag geschlossen haben, dann schreiben Sie „§ 433 BGB" auf den Doppelstrich zwischen A und B.

2. Sachverhaltsverlauf

Sofern der Sachverhalt Zeitangaben enthält, sollten Sie (anstatt oder ergänzend zur Beziehungsskizze) einen **Zeitstrahl** oder eine **Zeittabelle** anfertigen. Dadurch lässt sich Klarheit über die Reihenfolge der Ereignisse gewinnen, insbesondere wenn es auf einen Zeitpunkt oder eine Frist ankommt.

Beispiel für einen Zeitstrahl:

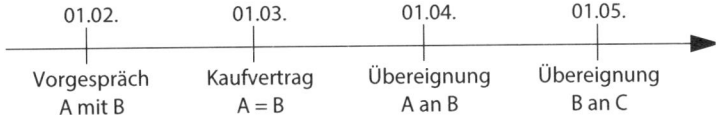

01.02.	01.03.	01.04.	01.05.
Vorgespräch A mit B	Kaufvertrag A = B	Übereignung A an B	Übereignung B an C

3. Argumente und Problemfelder

Insbesondere im öffentlichen Recht finden sich **im Sachverhalt** oft nicht nur tatsächliche Ereignisse, sondern **rechtliche Argumente** der Beteiligten (oft: des Bürgers und der Behörde). Der Aufgabensteller erwartet, dass Sie (jedenfalls) diese später rechtlich würdigen. Mit einer **tabellarischen Übersicht** leisten Sie hierfür wertvolle Vorarbeit. Stellen Sie die Argumente stichwortartig gegenüber und notieren Sie (jetzt oder später), an welcher Stelle im Gutachten Sie die Diskussion führen wollen.

Beispiel für die Strukturierung von Argumenten:

Bürger	Behörde	Prüfungspunkt
Eigentumsrecht	Effektivität der Gefahrenabwehr	Störerauswahl
Unzuständigkeit	Eilkompetenz wegen Gefahr im Verzug	Zuständigkeit
[Argument 3]	[Gegenargument 3]	[Prüfungspunkt X]
[Gegenargument 4]	[Argument 4]	[Prüfungspunkt Y]

Natürlich können Sie (jetzt oder später) **eigene Argumente ergänzen**. Überschreiten Sie dabei spielerisch die Grenze zwischen erstem und zweitem Arbeitsbereich.

4. Abkürzungen

Abkürzungen helfen, **Zeit für Schreibarbeit einzusparen** und für die Denkarbeit zu schaffen. „§ 491 II" schreibt sich z.B. schneller als „Allgemein-Verbraucherdarlehensvertrag".

Weitere Beispiele:

AR = Anwartschaftsrecht, E = Erbe, FFK = Fortsetzungsfeststellungsklage, G = Gesetz, Gt = Gesellschaft, Gter = Gesellschafter, Gf = Geschäftsführer, GH = Geschäftsherr, GS = Grundschuld, GV = Gerichtsvollzieher, Hyp = Hypothek, ME = Miterbengemeinschaft, RV = Rechtsverletzung, SiÜ = Sicherungsübereignung, V = Vertrag, VA = Verwaltungsakt, Vertr = Vertreter, WE = Willenserklärung

C. Sachverhaltskontrolle (3. Schritt)

Abschließend sollten Sie mittels einer kurzen **Selbstkontrolle** überprüfen, ob Sie den Fall wirklich verstanden haben. Nochmal: **Einen Fall, den Sie nicht erfasst haben, können Sie nicht rechtlich lösen!**

Zweckmäßig sind **drei Kontrollüberlegungen**:

I. Kontrollieren auf Vollständigkeit

Sie müssen den Fall in **allen Einzelheiten kennen** und in den Gesamtzusammenhang richtig einordnen können. Es muss Ihnen möglich sein, in allen Einzelheiten einer anderen Person von dem Fall zu berichten. Sie müssen sich fragen: **Kenne ich alle Fakten?**

II. Kontrollieren auf Verständnis

Wichtig ist, dass Sie den Sachverhalt in seinem Verlauf und seinen Zusammenhängen richtig **nachvollzogen** haben. Es genügt nicht, dass Sie den Sachverhalt wie ein Gedicht auswendig wiedergeben können. Fragen Sie sich: Habe ich die mir bekannten **Fakten auch verstanden** und kann ich sie **mit eigenen Worten wiedergeben**?

III. Kontrollieren auf Plausibilität

Der Sachverhalt muss sich für Sie schließlich als **überzeugend** darstellen. Er darf grundsätzlich keine ungeschriebenen Widersprüche zur allgemeinen Lebenserfahrung aufweisen. Sie müssen sich also fragen: **Ist der Fall so plausibel?**

Ist zum **Beispiel** von einem „Stein in der Luft" die Rede, so wird dieser dort kaum schweben. Daher müssen Sie eine Erklärung dafür haben, wie und vom wem er in die Luft befördert wurde und wo er gelandet ist.

D. Besondere Situationen

Bestimmte Konstellationen verlangen eine **spezielle**, das zuvor Gesagte ergänzende **Herangehensweise**:

I. Nicht vollständiger Sachverhalt

Der Aufgabentext kann **unklare, unvollständige oder** – bei einer Klausur mit prozessualer Einkleidung, insbesondere im Zivilrecht – **bestrittene Sachverhaltsangaben** enthalten, sodass eine für die rechtliche Beurteilung erhebliche **Tatsache ungewiss bleibt**.

1. Grundsatz des heiligen Sachverhalts

Zunächst gilt der bereits erwähnte **Grundsatz, dass der Sachverhalt so hingenommen werden muss, wie er vom Aufgabensteller vorgegeben wird**. Insoweit dürfen die im Sachverhalt geschilderten Umstände nicht angetastet werden – der Sachverhalt ist heilig. Auch unwahrscheinliche oder lebensfremde Angaben dürfen nicht in Zweifel gezogen werden, wenn sie vom Aufgabensteller ausdrücklich und bewusst so vorgegeben werden. **Wer den Sachverhalt ändert, der verändert die Aufgabenstellung, anstatt sie zu lösen.**

Beispiel: Wenn in einer Strafrechtsklausur A auf B schießt, diesen allerdings für C hält, die Kugel jedoch den just vom Himmel fallenden Fallschirmspringer D streift und verletzt sowie hierdurch abgelenkt wird und den E tötet, dann ist dies so hinzunehmen. Der Aufgabensteller will bestimmte Probleme aus den Bereichen Kausalität, Vorsatz und Versuch abprüfen.

Grundsätzlich sind auch **rechtliche Fachausdrücke verbindlich**. Der Aufgabensteller legt mit ihnen bereits einen Teil der rechtlichen Bewertung fest. Anders ist es aber, wenn sie erkennbar **umgangssprachlich** verwendet werden.

Beispiel: Heißt es im Fall „A leiht sich von seinem Freund B ein Buch.", dann ist grundsätzlich davon auszugehen, dass ein Leihvertrag i.S.d. § 598 BGB geschlossen wurde. Insbesondere schuldet A dem B also keine Gegenleistung.

Gegenbeispiel: Heißt es „A leiht sich beim Autohaus einen Leihwagen.", dann ist in der Regel ein entgeltlicher Mietvertrag gemeint, vgl. § 535 Abs. 2 BGB.

2. Unklarheiten und Widersprüche

Im Sachverhalt können **trotz gründlichen Durchdenkens** Unklarheiten oder gar Widersprüche auftreten. Dann sollten Sie **keinesfalls den Aufgabensteller kritisieren**, das bringt keine Punkte. In aller Regel steckt dahinter nämlich keine absichtlich gestellte Falle, sondern – trotz mehrfacher Kontrolle im Vorfeld – schlicht ein menschlicher Fehler. Punkte bringt es vielmehr, wenn Sie mit dieser Situation **stillschweigend souverän** umgehen.

a) Irrelevante Umstände

Hat der zweifelhafte Sachverhaltsteil **keine Auswirkung auf die rechtliche Bewertung**, so können Sie ihn **ignorieren**. Wie in einem Film oder Buch lassen sich immer Punkte finden, die der Schöpfer der Erzählung nicht erwähnt, weil er sie für sein Ziel – Konstruktion eines prüfungsgeeigneten Falls – nicht benötigt.

Beispiel: Teil 1 einer Klausur spielt am Montag in Münster und Teil 2 spielt am Mittwoch in Ostfriesland. Es bleibt offen, was am Dienstag geschehen ist und wie die Protagonisten von Münster nach Ostfriesland gelangt sind.

b) Relevante Umstände

Ergebnisrelevante Umstände müssen Sie hingegen durch **Auslegung** mit dem übrigen Sachverhalt in Einklang bringen. Ziehen Sie dabei die **allgemeine Lebenserfahrung**, den **Gesamtzusammenhang** und die **Interessen und Motive** der beteiligten Personen heran. Der Übergang zum 3. Schritt „Kontrollieren auf Plausibilität" ist dabei fließend.

Es sind **zwei Arbeitsschritte miteinander verwoben**: Ob der tatsächliche Umstand ergebnisrelevant ist, wissen Sie erst nach der **rechtlichen Prüfung** zum Ende des zweiten Arbeitsbereichs. Mit steigender Routine werden Sie mit dieser Verwebung ganz selbstverständlich umgehen.

Darüber hinaus ist es hilfreich, sich **in die Person des Aufgabensteller hineinzuversetzen** und den Entwicklungsprozess einer Klausur nachzuvollziehen. Oft sucht der Aufgabenersteller **zuerst nach einem rechtlichen Problem**, verkettet und kombiniert dies mit anderen rechtlichen Problemen und **formuliert erst dann den passenden Sachverhalt** dazu – er arbeitet also umgekehrt zu der von Ihnen geforderten Arbeitsweise.

Die **Ideallösung** der Klausur verläuft dann wie eine **Kettenreaktion aus Dominosteinen**: Die Lösung eines Problems auf eine bestimmte Weise führt automatisch zum nächsten Problem usw. Für Sie bedeutet dies, dass Sie bei Unklarheiten und Widersprüchen in die rechtliche Bewertung des Falls einsteigen und schauen müssen, **welche Auslegungsvariante der tatsächlichen Umstände die rechtliche Kettenreaktion fortführt**, und welche Variante in einer Sackgasse mündet. Aus **klausurtaktischer Sicht** sollten Sie dann die weiterführende Variante Ihrer Bearbeitung zugrunde legen.

Beispiel: Der Sachverhalt einer Strafrechtsklausur enthält nach Ihrem Dafürhalten widersprüchliche Angaben dazu, ob alle Merkmale des subjektiven Tatbestands des Totschlags (§ 212 StGB) vorliegen. Er wimmelt aber nur so vor

Umständen, die im Rahmen der danach zu prüfenden Rechtfertigung durch Notwehr (§ 32 StGB) Probleme aufwerfen. –
Sie sollten die Umstände annehmen, die zur Bejahung des subjektiven Tatbestands führen, um sodann die Rechtfertigung prüfen zu können.

Ergeben sich **mehrere Möglichkeiten,** die Unklarheit bzw. den Widerspruch lebensnah und klausurtaktisch sinnvoll zu schließen, so kann eine eventuell vorhandene **Sachverhaltsabwandlung** – zu dieser noch näher unter II. – einen Hinweis darauf geben, wie der Ausgangsfall zu verstehen ist.

Beispiel: Der Ausgangsfall enthält nach Ihrem Dafürhalten widersprüchliche Angaben dazu, ob A als Verbraucher i.S.d. § 13 BGB anzusehen ist. Wenn die Abwandlung den Fall so verändert, dass A eindeutig als Verbraucher anzusehen ist, dann spricht einiges dafür, dass der Ausgangsfall so konstruiert wurde, dass A kein Verbraucher sein soll.

3. Lösungsrelevante Lücke im Sachverhalt

Ein Sachverhalt kann sogar eine **lösungsrelevante Information gänzlich nicht enthalten,** also eine **Lücke** aufweisen.

a) Auslegung

Versuchen Sie zunächst, die Lücke aufgrund einer **lebensnahen Auslegung** des Sachverhalts zu schließen. Das ist nicht nur erlaubt, sondern sogar geboten. Der nach der Lebenserfahrung **normale Verlauf** muss zugrunde gelegt werden. Auch insofern gilt wie in einem Buch oder Film: Normalitäten und Selbstverständlichkeiten werden vom Aufgabensteller nicht erwähnt, er legt den Schwerpunkt seiner Darstellung auf die atypischen Umstände.

Beispiel: Der Vorgang hat sich im Inland abgespielt.

Beispiel: Die Beteiligten sind Deutsche, voll geschäftsfähig, schuldfähig und sich über die Bedeutung ihrer Erklärungen und Handlungen im Klaren.

Beispiel: Grundstückseigentümer sind im Grundbuch als solche eingetragen.

Beispiel: Eine Behörde ist sachlich und örtlich zuständig.

Grundsätzlich kann auch die **Einhaltung von Formalien** unterstellt werden, wenn der Sachverhalt zu diesen schweigt.

Beispiel: Formbedürftige Geschäfte (z.B. Grundstückskaufverträge) wahren die erforderliche Form (z.B. notarielle Beurkundung nach § 311 b Abs. 1 BGB).

Beispiel: Verordnungen und Verwaltungsakte wahren die verfahrensrechtlichen Anforderungen (z.B. ist der Verwaltungsakt auf Deutsch verfasst, vgl. § 23 Abs. 1 VwVfG).

Beispiel: Klagen werden formgerecht erhoben (z.B. nach §§ 81 ff. VwGO).

Kann eine Person ihre **Rechtsstellung durch Abgabe einer Erklärung verbessern,** so ist **zu unterstellen,** dass sie diese Erklärung abgeben wird, insbesondere in einer **Klausur aus Sicht eines Anwalts**. Es ist dann aber deutlich hervorzuheben, dass die Erklärung bislang nicht abgegeben wurde und dass die dargestellten Wirkungen der Erklärung nur greifen, sobald und soweit die Erklärung abgegeben wird.

Kommt es hingegen insbesondere in einer Klausur **aus Sicht eines Gerichts** darauf an, ob die Erklärung **bis zu einem bestimmten Stichtag abgegeben** wurde, so muss sich aus dem Sachverhalt ergeben, dass die Erklärung rechtzeitig abgegeben wurde. Anderenfalls wurde sie nicht abgegeben.

Beispiele: Erklärung der Anfechtung, der Kündigung, des Rücktritts

Um die **rechtliche Auswirkung** der Erklärung zu beurteilen, müssen Sie auch hier punktuell **rechtlich prüfen,** also in den zweiten Arbeitsbereich einsteigen.

Allgemein gilt: **Je knapper und abstrakter** die Sachverhaltsschilderung, **desto eher sind Unterstellungen bzw. Ergänzungen erlaubt**. Detaillierte Fallbeschreibungen lassen hingegen eher auf die vom Aufgabensteller gewollte Vollständigkeit der Angaben schließen, die nicht mittels Auslegung beseitigt werden soll.

b) Beweislast

Lässt sich die Lücke nicht durch Auslegung schließen, so müssen Sie die **Tatsache unterstellen, die für den Beweisbelasteten ungünstig** ist. Beweisfragen gehören zwar primär ins zweite Examen, aber bei einem (ungewollt) unvollständigen Sachverhalt bleibt Ihnen nur dieser Weg. Dies ist wesentlich eleganter als den Sachverhalt (und seinen Ersteller) zu kritisieren oder einen Besinnungsaufsatz zu verfassen.

Grundsätzlich muss jeder das beweisen, was für ihn günstig ist.

Beispiel: Wer aus § 433 Abs. 2 Var. 1 BGB auf Kaufpreiszahlung klagt, muss den Kaufvertragsschluss beweisen, während der Beklagte die von ihm behauptete Erfüllung dieses Anspruchs durch Zahlung (§ 362 Abs. 1 BGB) beweisen muss.

Beispiel: Der Staat muss beweisen, dass der Angeklagte Vorsatz hatte. Anderenfalls wird er freigesprochen (in dubio pro reo).

Ausnahmsweise ist die Beweislast umgekehrt.

Beispiele: Vertretenmüssen (§ 280 Abs. 1 S. 2 BGB); Gutgläubigkeit (§ 932 Abs. 2 BGB); Unwahrheit einer Tatsache (§ 186 StGB)

Beachten Sie aber, dass Sie **nur tatsächliche, nicht aber rechtliche Zweifel** mit einer Beweislastregelung beseitigen dürfen. Es ist gerade Ihre Aufgabe als Jurist, rechtliche Zweifel durch eine überzeugende Begutachtung zu beseitigen. Gerade dafür gibt es ja in der Klausur die Punkte!

Für die Gerichte gibt es hierzu zwei lateinische Rechtsgrundsätze: **iura novit curia** (Das Gericht kennt das Recht.) und **da mihi facta, dabo tibi ius** (Gib mir die Tatsachen, dann gebe ich Dir das Recht.).

Beispiel: A, B, C, D und E streiten sich darüber, wer Eigentümer des Pkw ist, der derzeit bei A in der Garage steht. Der Sachverhalt enthält umfangreiche Informationen, die Sie bei der Prüfung der §§ 929 ff. BGB verwenden können. – Natürlich müssen Sie diese Normen nun umfangreich prüfen, anstatt lapidar mit einem Verweis auf § 1006 Abs. 1 BGB den A zum Eigentümer zu erklären.

II. Sachverhaltsabwandlung

Wandelt der Aufgabensteller den Sachverhalt ab, so müssen Sie herausarbeiten, inwiefern sich der **Sachverhalt** und/oder die **Aufgabenstellung** vom Ausgangsfall **unterscheiden**.

Beispiel: Die Fragestellung lautet: „Welche Ansprüche hat A gegen B und gegen C? Wie ist es, wenn A minderjährig war?" –
Im Ausgangsfall war A volljährig (mangels entgegenstehender Angaben und weil ansonsten die zweite Frage keinen Sinn ergibt). Hinsichtlich Frage zwei müssen Sie alternative Version des Falles aufnehmen und erfassen, in welcher A minderjährig ist.

Erster Arbeitsbereich: Arbeit am Sachverhalt

Überblick	**Ziel:** Sachverhalt vollständig und richtig kennen

1. Schritt

Aufnahme des Sachverhalts

- ■ **Erfassen des Sachverhalts**
  - ▪ in der Regel 2 x gründlich lesen
  - ▪ Hineindenken in den Sachverhalt
  - ▪ Hilfsmittel (Rollentechnik, Filmtechnik, Erzähltechnik)
- ■ **Sammeln der Sachverhaltsumstände**
  - ▪ Personen, Sachen, Eigenschaften, Handlungen
  - ▪ Grundsatz: Vollständigkeit; erst später aussortieren
  - ▪ Ideenzettel „die ersten Ideen sind oft die besten"
- ■ **Ordnen der Sachverhaltsumstände**
  - ▪ grundsätzlich chronologische Reihenfolge
  - ▪ andere Reihenfolge (Abschnitte, Personen, Begehren)

2. Schritt

Aufbereitung des Sachverhalts

- ■ **Kenntlichmachen von Textpassagen**
  - ▪ Mittel: Farbtechnik, Schreibtechnik
  - ▪ Objekte: Personen, Vorstellungen, Eigenschaften, Verben, Daten
- ■ **Fallskizzen** (Symbole und Abkürzungen verwenden)
  - ▪ Darstellung der Sachverhaltsbeziehungen
  - ▪ Darstellung des Sachverhaltsverlauf (Zeitstrahl)
  - ▪ Tabelle: vorgegebene Argumente und Problemfelder

3. Schritt

Sachverhalts-kontrolle

- ■ **Vollständigkeit:** den Fall in allen Einzelheiten kennen
- ■ **Verständnis:** den Fall verstehen und nachvollziehen
- ■ **Plausibilität:** Widersprüche ausräumen

Besondere Situationen

- ■ **unklarer/lückenhafter Sachverhalt:** lebensnahe Auslegung und Ergänzung, i.Ü. Unterstellungen nach Beweislast
- ■ **Sachverhaltsabwandlung:** Abweichungen erfassen

E. Zum Beispielsfall

1. Schritt: Aufnahme des Sachverhalts

Der Pinscher der F wird von einem Schäferhund, dessen Halter unbekannt ist, angefallen. F ruft um Hilfe. A hilft und erleidet dabei einen Sach- und Personenschaden. Diesen verlangt A von F ersetzt.

Wenn man sich in A und F hineinversetzt, um ihre gegensätzlichen Interessen (und damit die zentrale Klausurproblematik) zu ermitteln, dann erkennt man: A meint, von F Schadensersatz verlangen zu können, weil er ihr in einer Notlage selbstlos geholfen hat. F ist dem A gewiss dankbar, aber sie sieht sich selbst nicht als Verantwortliche, sondern ebenso als Opfer des Schäferhundes wie den A, sodass sie einwenden wird, A müsse Schadensersatz von dem (unbekannten) Halter des Schäferhundes verlangen.

2. Schritt: Aufbereitung des Sachverhalts

Ein Zeitstrahl ergibt wenig Sinn, da der Sachverhalt sehr kurz ist und sich alles innerhalb weniger Minuten abspielt. Es treten aber immerhin drei Personen (A, F und der unbekannte Halter) auf, daher schadet eine knappe Fallskizze nicht:

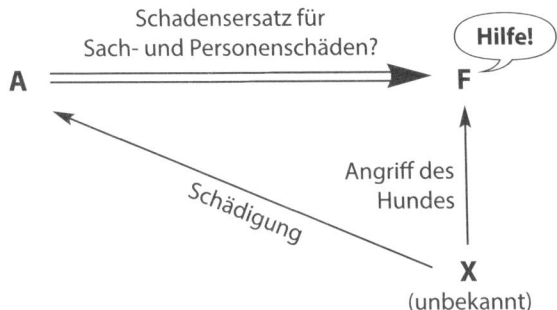

3. Schritt: Sachverhaltskontrolle

Der Sachverhalt ist leicht zu verstehen.

4. Schritt: Besondere Situation: Unklarheit/Lücke?

Der Halter des Schäferhunds ist zwar unbekannt. Aber Achtung, dies ist keine Lücke, die es zu schließen gilt – wie sollen Sie auch herausfinden, wer der Halter ist? Der Aufgabensteller will und benötigt diese Unbekanntheit gerade, damit A sich nicht an den Halter, sondern an F wenden muss.

3. Abschnitt: Zweiter Arbeitsbereich: Begutachtung (juristische Denktechnik)

Die gedankliche Begutachtung des Sachverhalts nach **rechtlichen Maßstäben** ist das **Kernstück** der Fallbearbeitung.

Ausgangspunkt der gutachterlichen Überlegungen ist die Fallfrage. Es ist Ihr **Ziel, die Fallfrage zu beantworten**. Die Antwort darf aber nicht sofort der Frage folgen („Hat A gegen B einen Anspruch auf Schadensersatz?" – „Ja"). Vielmehr müssen Sie zunächst den **Weg zur Antwort durchdenken**. Dieser besteht aus einem bestimmten **Prüfungsprogramm** nebst **Begründungen** für die einzelnen Prüfungsschritte.

Die gedankliche Erarbeitung (und schriftliche Darstellung, dazu der dritte Arbeitsbereich) Ihres Lösungsweges entscheidet über die Bewertung Ihrer Klausurbearbeitung. **Jeder Ihrer Denkschritte muss direkt an den vorherigen anknüpfen.** In Ihrem Kopf muss quasi eine **Kettenreaktion aus Dominosteinen** entstehen.

Um eine gute Bewertung zu erzielen, **muss diese nicht unbedingt derjenigen entsprechen, die der Aufgabensteller vor Augen hatte**, als er den Sachverhalt erschaffen hat. Es schadet aber natürlich auch nicht, wenn Sie die sog. **Musterlösung** treffen, weil dann der Korrektor (in aller Regel korrigiert der Aufgabenersteller nicht selbst) weniger eigene Denkarbeit leisten muss.

A. Erfassen der Fallfrage (4. Schritt)

Bevor die eigentliche juristische Arbeit in Form der Rechtsanwendung beginnen kann, müssen Sie sich **Inhalt und Zielrichtung** der Fallfrage verdeutlichen.

I. Herausarbeiten der Fragestellung

1. Konkrete Fallfrage

Mitunter ist im Falltext eine konkrete Fallfrage ausdrücklich formuliert. Dann müssen Sie ein Gutachten anfertigen, das allein die gestellte Frage beantwortet. **Darüber hinausgehende Ausführungen** sind **überflüssig** und daher sogar **falsch**.

Die Frage kann sich auf die retrospektive Bewertung **bestimmter Personen, Ereignisse, Rechtsfolgen** beschränken.

Beispiel: „Kann A von B Schadensersatz verlangen? Welche Ansprüche hat B gegen A und C wegen der Ereignisse auf der Hüpfburg?"

Beispiel: „Wie hat sich A zulasten des B strafbar gemacht? Ist B wegen der Ereignisse in der Geisterbahn nach §§ 242 ff. und §§ 263 ff. StGB strafbar?"

Beispiel: „Hat eine Verfassungsbeschwerde des B gegen das Urteil des LG Stuttgarts Erfolg, soweit sie sich gegen die Verurteilung zur Herausgabe des Pkw richtet?"

Die Fallfrage kann umgekehrt **bestimmte Fragestellungen** von der Bearbeitung **ausnehmen**. Achtung, erstaunlicherweise werden auch deutlichste Anweisungen im Eifer des Gefechts immer wieder übersehen!

Beispiel: „Brandstiftungsdelikte sind nicht zu prüfen."

Beispiel: „Gaststättenrecht ist nicht zu prüfen."

Beispiel: „Unterstellen Sie, dass der Kaufvertrag nicht wegen Verstoßes gegen das Steuerrecht i.V.m. § 134 BGB nichtig ist."

Die Frage kann insbesondere im Zivilrecht auch auf eine in die Zukunft gerichtete **Gestaltung der Rechtslage** abzielen.

Beispiel: „Kann A sich vom Kaufvertrag lösen?"

Beispiel: „Was ist dem H hinsichtlich der Gewerbeuntersagung zu raten?"

2. Auslegung der Fragestellung

Eine bewusst unkonkret formulierte Fallfrage sowie unklare oder unvollständige Fallfragen müssen Sie – ebenso wie den gesamten Sachverhalt – **auslegen**. Diese Situation begegnet Ihnen zuvorderst im Zivilrecht und gelegentlich im Öffentlichen Recht. In strafrechtlichen Klausuren wird hingegen in aller Regel konkret nach der Strafbarkeit gefragt, allenfalls Zusatzfragen am Ende der Klausur sind auslegungsbedürftig.

Auch (umgangs-)sprachlich eindeutige Fragestellungen müssen Sie im **juristischen Gesamtzusammenhang betrachten** und dementsprechend auslegen.

Beispiel: A hat dem B eine Rechnung für eine lange zurückliegende Leistung geschickt. B will nicht zahlen und beruft sich darauf, der Anspruch des A sei verjährt. Die Fragestellung lautet: „Zu Recht?" –
Die Fallfrage zielt sprachlich auf die ausschließliche Prüfung der Verjährung ab. Es ist aber im Zivilrecht absolut üblich, die Rechtslage anhand von Ansprüchen darzustellen. Es wird zunächst die Entstehung und das fehlende Erlöschen des Anspruchs geprüft (bzw., wenn hier keine Probleme liegen, in aller Kürze festgestellt). Erst im dritten Schritt werden durchsetzbarkeitshemmende Einrede wie die Verjährung angesprochen.

a) Begehren

Ausgangspunkt der Auslegung ist das Begehren der beteiligten Personen. Dieses ergibt sich aus dem **Willen**, den **Interessen** und den **Zielen** der Personen, die Sie dem Sachverhalt ausdrücklich oder mittels Auslegung entnehmen müssen.

Beispiel: Der Adressat einer Gewerbeuntersagung will regelmäßig sein Gewerbe fortführen, daher begehrt er die Aufhebung dieser Untersagung.

Beispiel: Der Geschädigte eines Unfalls begehrt regelmäßig die Kompensation seiner Schäden in Form von Schadensersatz.

b) Frage nach Rechtslage

Eine häufige Fragestellung, insbesondere im Zivilrecht, lautet denkbar abstrakt: **„Wie ist die Rechtslage?"**

Grundsätzlich sind dann **sämtliche Rechtsbeziehungen** zwischen **allen Personen** und deren **Rechtsfolgen** zu untersuchen. Hierbei können neben **Ansprüchen** im Einzelfall auch **Gestaltungsrechte** (z.B. Anfechtung, Rücktritt, Widerruf), **dingliche Rechte** (z.B. Besitz, Eigentum, Hypothek, Anwartschaftsrecht) oder sonstige **Rechtspositionen** (z.B. als Gesellschafter einer Gesellschaft oder als Erbe eines Erblassers) zu prüfen sein.

c) Orientierung an der idealtypischen Fragestellung

Eine umfassende Auslegung der Fragestellung gelingt Ihnen, wenn Sie sich an den **idealtypischen Frageformeln** orientieren.

Die wichtigste Frageformel, nämlich für eine Anspruchsprüfung im Zivilrecht und gelegentlich im öffentlichen Recht, lautet: **„Wer kann von wem was, und zwar warum und woraus verlangen?"**

- Wer?   Anspruchsteller
- Von wem?   Anspruchsgegner
- Was?   Ziel/Begehren
- Warum?   Sachverhalt
- Woraus?   Anspruchsgrundlage(n)

Beispiel: Kann A von B Zahlung von 100 € aufgrund der Ereignisse auf dem Marktplatz aus §§ 280 Abs. 1, 249 Abs. 2, aus § 433 Abs. 2 Var. 1, aus §§ 989, 990 Abs. 1 und/oder aus § 812 Abs. 1 S. 1 Var. 2, 818 Abs. 2 BGB verlangen?

Im öffentlichen Recht müssen Sie häufig prüfen, ob ein behördliches Handeln rechtmäßig ist bzw. war. Die Frage lautet dann: **Existiert – soweit erforderlich – für das Handeln der Behörde eine wirksame Ermächtigungsgrundlage und sind deren formelle und materielle Voraussetzungen eingehalten?**

Beispiel: Ist § 10 der [im Sachverhalt abgedruckten] Taubenverordnung der Stadt X, auf welchen die Stadt das Fütterverbot gestützt hat, wirksam und sind seine formellen und materiellen Voraussetzungen erfüllt?

Im Strafrecht hilft die Frageformel: **„Wer greift in wessen Rechtsgut wie ein?"** dabei, sämtliche Aspekte zu erfassen.

- Wer?   Der oder die Täter, evtl. Sonderdelikt

- Wessen?   Opfer

- Rechtsgut?   Schützende Straftatbestände

- Wie?   Strafschärfende Handlungsmodalitäten

Beispiel: Hat Polizist P sich zulasten der Gesundheit des O gemäß §§ 340 Abs. 1 S. 1 u. Abs. 3, 224 Abs. 1 Nr. 2 Var. 1 StGB strafbar gemacht, indem P dem O mit dem Schlagstock in die Kniekehle schlug?

II. Aufgliederung in Teilfragen

Markenzeichen der juristischen Denkweise ist die kleinschrittige **Aufteilung einer Problemstellung** in einzelne Teilprobleme. Sie müssen daher die Fallfrage gedanklich so aufteilen, dass **für jeden ihrer Gedankengänge** als Ausgangspunkt **eine eigene Frage** im Raum steht. Hierdurch gewinnt die Fragestellung an Struktur.

Das gilt insbesondere für die typischen **allgemeinen Fragestellungen** (Wie ist die Rechtslage? usw.). Solche weitgefassten Fragen zielen naturgemäß auf mehrere Gedankengänge und Fragestellungen ab.

Für die Aufteilung können Sie **dieselben Kategorien** wie für die **Aufteilung des Sachverhalts** verwenden:

1. Aufgliedern nach Sachverhaltsabschnitten

Besteht der Sachverhalt aus mehreren Ereignissen, so können Sie die Frage auf die einzelnen Ereignisse aufteilen. Dies können rein **tatsächliche Geschehnisse** sein, aber auch **Rechtsakte**.

Beispiel: Welche Ansprüche hat A erstens aufgrund der Ausflugfahrt am Montag und zweitens aus dem am Mittwoch abgeschlossenen Kaufvertrag?

Beispiel: Sind erstens der Platzverweis und zweitens die Ingewahrsamnahme durch die Behörde rechtmäßig bzw. welche Klage(n) hat/haben erstens hinsichtlich des Platzverweises und zweitens hinsichtlich der Ingewahrsamnahme Aussicht auf Erfolg?

Beispiel: Wie hat T sich erstens auf dem Parkplatz und zweitens im Schwimmbad strafbar gemacht?

Insbesondere im **Zivilrecht** gibt es **drei typische Lebenssachverhaltsgruppen**:

- **Rechtliche Sonderbeziehungen**, insbesondere vertragliche oder gesetzliche **Schuldverhältnisse** zwischen zwei Personen („mit einem anderen"),
- rein tatsächliche **Tätigkeiten**, die jemand für einen anderen verrichtet hat („für einen anderen") und
- **Eingriffe** in fremde Rechte („gegen einen anderen").

2. Aufgliedern nach Personen

Sind **mehrere Personen** beteiligt, kann eine Aufgliederung der Fragestellungen nach Personen(gruppen) erfolgen.

Im **Zivilrecht** steht in der Regel ein **Anspruch** einer Person(engruppe) gegen eine andere Person(engruppe) im Zentrum. Die Frage ist daher in **Zwei-Personen(gruppen)-Verhältnisse** aufzugliedern. Bereits bei drei Personen ergibt sich daher:

- Ansprüche A gegen B, gegen C sowie gegen B und C gemeinsam?
- Ansprüche B gegen A, gegen C sowie gegen A und C gemeinsam?
- Ansprüche C gegen A, gegen B sowie gegen A und B gemeinsam?
- Ansprüche A und B gemeinsam gegen C?
- Ansprüche A und C gemeinsam gegen B?
- Ansprüche C und B gemeinsam gegen A?

Im **Strafrecht** kann zunächst die Strafbarkeit des A und anschließend die Strafbarkeit des B untersucht werden. Sinnvoll ist eine Aufteilung nach Personen auch dann, wenn mehrere Personen unterschiedlich beteiligt sind.

Beispiel: Strafbarkeit des A als Alleintäter? Strafbarkeit des B als Alleintäter? Strafbarkeit von A und B als Mittäter oder Täter/Teilnehmer?

3. Aufgliedern nach dem Begehren

Eine Aufgliederung der Fallfrage ist im **Zivilrecht** nach den begehrten **Anspruchsinhalten**, also den **Rechtsfolgen** der möglichen Anspruchsgrundlagen sinnvoll.

Beispiele: Zahlung; Herausgabe (= Besitzverschaffung); Übereignung/Übertragung eines Rechts; Abgabe einer Willenserklärung; Vornahme einer Handlung (Tun, Dulden, Unterlassen)

III. Erste Konsequenzen für den Aufbau der Lösung

Durch die Aufgliederung der Fragestellung erhält Ihre Lösung eine erste **Struktur**. Sie sollten daher an dieser Stelle nicht nur Teilfragen bilden, sondern auch festlegen, in welcher **Reihenfolge** Sie die Fragen abarbeiten werden.

1. Vorgabe durch die Fallfrage

Primär müssen Sie sich an die **von der Fallfrage vorgegebene Reihenfolge** halten. Diese ist in aller Regel keine Falle, sondern eine Hilfestellung des Aufgabenstellers, welche er auch bei der Erstellung der Musterlösung für die Korrektoren zugrunde gelegt hat.

Beispiel: Die (ausgelegte) Fallfrage verlangt die Prüfung von Ansprüchen des A gegen B auf Zahlung von 1.000 € und hilfsweise auf Freistellung von Regressansprüchen des X. –
Sie prüfen Zahlungsansprüche und nur, wenn diese nicht bestehen, Freistellungsansprüche. Ansprüche etwa auf Unterlassen prüfen Sie aber – natürlich – nicht, denn nach diesen ist nicht gefragt.

2. Zweckmäßigkeit/Inzidentprüfungen vermeiden

Über die Reihenfolge entscheidet im Übrigen die Zweckmäßigkeit. Sie sollten insbesondere **Inzidentprüfungen vermeiden**, denn dadurch fällt sowohl Ihnen die Erarbeitung Ihrer Lösung als auch dem Korrektor das Nachvollziehen selbiger leichter. Allerdings müssen Sie solche Fragen inzident prüfen, deren isolierte Prüfung nicht von der Aufgabenstellung gefordert wird.

Beispiel: Grundsätzlich wird erst die Strafbarkeit des Täters und sodann des Teilnehmers geprüft. Eine Inzidentprüfung der Strafbarkeit des Täters im Rahmen der Strafbarkeit des Teilnehmers ist aber nötig, wenn der Täter inzwischen verstorben ist oder wenn nur nach der Strafbarkeit des Teilnehmers gefragt ist.

Die Zahl der theoretisch möglichen Reihenfolgen ist regelmäßig im **Zivilrecht** am höchsten. Möglich ist eine Gliederung nach

- Personen, sodann Sachverhaltsteilen, sodann Anspruchsbegehren (Wer von wem, warum, was?)

- Sachverhaltsteilen, sodann Anspruchsbegehren, sodann Personen (Warum, was, wer von wem?)

- Sachverhaltsteilen, sodann Personen, sodann Anspruchsbegehren (Warum, wer von wem, was?)

Regelmäßig ist es sinnvoll, **primär nach Personen(gruppen)** zu gliedern und sodann nach Sachverhaltsteilen. Prozessual entstehen Prozessrechtsverhältnisse (wie Ansprüche) zwischen Personen(gruppen), daher denken Juristen primär in dieser Kategorie.

Im **Strafrecht** bestehen kaum weniger Varianten. Hier ist es regelmäßig sinnvoll, primär nach Sachverhaltsteilen (sog. Tatkomplexe) und sodann nach Tätern zu gliedern. Innerhalb dieser Gliederung werden dann die einzelnen Straftatbestände einsortiert.

Im **öffentlichen Recht** ist es regelmäßig sinnvoll, primär nach Sachverhaltsteilen zu gliedern und innerhalb dieser dann die einzelnen Ermächtigungsgrundlagen zu prüfen. Oft stehen sich nur zwei Personen – ein Bürger und eine Behörde – gegenüber, sodass sich insofern die Frage der Reihenfolge nicht stellt.

Eine **detaillierte Gliederung** ist erst im 5. Schritt sinnvoll, wenn Sie die Rechtsnormen gesammelt haben und sie sodann ordnen.

B. Sammeln der Rechtsnormen (5. Schritt)

Nunmehr müssen Sie die **in Betracht kommenden Rechtsnormen** ermitteln, auswählen und ordnen.

Im Rahmen eines **Brainstormings** müssen Sie offen und ohne vorschnelle Kritik möglicherweise einschlägige Normen sammeln. Notieren Sie dabei auf Ihrem **Ideenzettel** großzügig die gefundenen Normen – Sie können sie später immer noch wieder wegstreichen.

Für die folgenden Ausführungen müssen Sie wissen, dass eine Rechtsnorm häufig aus einem **Tatbestand** und aus einer **Rechtsfolge** besteht. Der Tatbestand enthält die Voraussetzungen dafür, dass die Rechtsfolge eintritt. Wie bei einem Computerprogramm oder einem Gesellschaftsspiel wird also eine **„Wenn dies, dann das-Regel"** aufgestellt.

Beispiel: Wenn ein Rechtsgeschäft sittenwidrig ist, dann ist es nichtig, vgl. § 138 Abs. 1 BGB.

Insbesondere im öffentlichen Recht und zu Beginn von Gesetzen finden Sie allerdings auch Normen, die nicht so aufgebaut sind, sondern die **schlichte Anordnungen oder Definitionen** enthalten. **Beispielsweise** werden die Farben der Bundesflagge in Art. 22 Abs. 2 GG und der Grundsatz „Keine Strafe ohne Gesetz" (nulla poena sine lege) in Art. 103 Abs. 2 GG sowie § 1 StGB angeordnet. Ferner definiert etwa § 35 VwVfG den Begriff des Verwaltungsakts und § 1 BGB den Begriff der Rechtsfähigkeit.

Achten Sie bereits hier (und natürlich in allen späteren Schritten) darauf, die Normen **exakt nach Satz, Halbsatz, Variante usw. zu zitieren**. Ihnen (und dem Leser Ihres Gutachtens) muss stets klar sein, welchen Teil einer Norm sie prüfen.

Beispiele: § 812 Abs. 1 BGB hat zwei Sätze mit je 2 Varianten. § 267 Abs. 1 StGB hat 3 Varianten.

Bedarf es größtmöglicher Klarstellung, so können Sie **einzelne Worte** der Norm **in Anführungsstrichen** zitieren. Das ist zudem regelmäßig eindeutiger und geht schneller als ein Nachdenken darüber, ob es sich um den vierten oder den fünften Halbsatz handelt.

Beispiel: § 366 Abs. 2 BGB („die dem Schuldner lästigere")

I. Ermitteln der einschlägigen Normen

Zunächst müssen Sie aus der gesamten Rechtsordnung diejenigen Normen herausfiltern, die Sie – wenn auch nur möglicherweise oder nur ganz am Rande – **zur Lösung des Falls benötigen**.

1. Lieber zwei Normen zu viel als eine zu wenig

Grundsätzlich sollten Sie **großzügig alle gefundenen Normen**, die Grundlage der rechtlichen Beurteilung sein können, für die Anwendung im 6. Schritt sammeln. Welche Normen letztlich die begehrte Rechtsfolge ergeben, lässt sich erst nach der exakten rechtlichen Prüfung sagen. Zudem erhalten Sie ebenso viele Punkte für die Prüfung einer möglicherweise einschlägigen Norm, die letztlich dann doch nicht greift.

Zwar sind manche Normen statistisch klausurrelevanter als andere, aber Ihre Sammlung muss sich stets **am konkret zu lösenden Einzelfall orientieren**.

Beispiel: Im Stellvertretungsrecht (§§ 164 ff. BGB) sind die §§ 174, 180 BGB weniger klausurrelevant, weil sie für einseitige Erklärungen gelten, während in Klausuren Stellvertreter überwiegend beim Vertragsschluss auftauchen. Wenn aber in dem von Ihnen zu lösenden Fall jemand im Namen eines anderen (einseitig, vgl. § 143 Abs. 1 u. 3 BGB) die Anfechtung erklärt, dann gehören die §§ 174, 180 BGB natürlich in die Auswahl.

(Nur) eindeutig nicht relevante, abwegige Normen dürfen Sie an dieser Stelle **aussortieren**.

Beispiel: Ist nach der Strafbarkeit des T, der den O verprügelt hat, gefragt, sind die §§ 223 ff. StGB in den Fokus zu nehmen. Auch § 113 StGB oder § 252 StGB können einschlägig sein. Die §§ 263 ff. StGB liegen hingegen sehr fern.

Hingegen müssen Sie **auch solche Vorschriften im Rennen behalten**, die Sie später zwar **ablehnen** werden, aber erst nach mehr oder weniger umfangreicher **Begründung**. Eine gute Klausurbearbeitung zeichnet sich gerade dadurch aus, dass zunächst ein gedankliches Haus errichtet („Es könnte…", „Dafür spricht zwar…") und sodann wieder eingerissen wird („Jedoch..."). Das ist insbesondere wichtig, wenn im Ergebnis **alle Normen nicht erfüllt** sind, um auf die Frage des Unterlegenen: „Gibt es denn da keine Hoffnung?", überzeugend antworten zu können: „Nein, ich habe alle Möglichkeiten geprüft."

Beispiel: Auch, wenn der Täter im Ergebnis straflos ist, müssen Sie natürlich sämtliche in Betracht kommende Straftatbestände durchprüfen und verneinen. Der Klausurersteller wird bei der Aufgabengestaltung schon dafür sorgen, dass Sie mehr als genug Anlass für tiefergehende rechtliche Ausführungen haben.

Ferner muss eine Norm umgekehrt auch dann in der Sammlung verbleiben, wenn **dieselbe Rechtsfolge sich bereits aus einer anderen Norm der Sammlung ergibt**. In dem von Ihnen zu verfassenden Gutachten dürfen und müssen **doppelte und mehrfache Wege zum Ziel** enthalten sein. Im Zivilrecht und Öffentlichen Recht schadet es nie, mehrere Pfeile im Köcher zu haben, denn die Gegenseite hat es dann umso schwerer, Ihr Gutachten anzugreifen. Im Strafrecht wirkt sich die Verwirklichung mehrerer Straftatbestände sogar unmittelbar auf das Ergebnis aus, vgl. §§ 52, 53 StGB.

Beispiel: Ein Schlag auf den Kopf kann – je nach Fallgestaltung – zu einer Strafbarkeit nach §§ 113, 223 ff., und/oder 252 StGB führen. Er kann Ansprüche aus §§ 280, 823 Abs. 2 BGB i.V.m. StGB und/oder § 826 BGB begründen; er kann – von einem Polizisten ausgeführt – Art. 1 Abs. 1, Art. 2 Abs. 1, Art. 2 Abs. 2 und/oder Art. 8 GG betreffen.

2. Auch: Gegenteil

Hilfreich kann auch eine Vorschrift sein, die genau das **Gegenteil** des eigentlich gesuchten Regelungsgehalts anordnet. Es lässt sich dann ein **Umkehrschluss** ziehen.

Beispiel: Ist zu klären, ob ein Rechtsgeschäft formlos möglich ist, so findet sich die Antwort in § 125 BGB, weil dieser bestimmt, dass nur dann eine Form erforderlich ist, wenn das Gesetz dies anordnet oder die Parteien dies vereinbaren.

Beispiel: Geht es um die Nichtigkeit eines Verwaltungsakts, sind nicht nur § 44 Abs. 1 und Abs. 2 VwVfG einschlägig, sondern auch § 44 Abs. 3 VwVfG, da dort geregelt ist, wann ein Verwaltungsakt gerade nicht nichtig ist.

3. Normtypen – entscheidend ist die Rechtsfolge

Es gibt drei Normtypen, auf die Sie die Ermittlung ausrichten müssen. Wichtig ist, dass Sie nicht nach Abarbeitung des ersten Normtyps die Suche einstellen. Sie müssen vielmehr **um die Ecke denken**, um auch den zweiten und dritten Normtyp zu finden.

Bildlich gesprochen stehen die Dominosteine der Klausurlösung auf verschiedenen Ebenen. Zwischen den Steinen auf **erster Ebene** (d.h. dem ersten Normtyp) bestehen Gräben, die Sie mit den niederrangigen Dominosteinen auffüllen müssen, um eine Verbindung zwischen den Steinen auf erster Ebene herzustellen. Dabei können durchaus mehrere **Unterebenen** entstehen, es kommt also zu einer mehr oder weniger starken **Verschachtelung**.

Das sind diejenigen Normen, deren Funktion der Lösung des konkreten Falls dienlich ist. Die **Funktion einer Norm ergibt sich** in der Regel nicht aus ihrem Tatbestand, sondern **aus ihrer Rechtsfolge**.

Beispiel: Zwischen A und B besteht entweder ein Kauf- oder Mietvertrag. Gefragt ist, ob A von B Zahlung verlangen kann.
Die Funktion des § 433 Abs. 2 Var. 1 BGB und des § 535 Abs. 2 BGB ist es, einen Anspruch auf Zahlung zu begründen. Daher müssen Sie diese beiden Normen ermitteln. Welche Vertragsart vorliegt und welche Norm daher letztlich einschlägig ist, prüfen Sie in den späteren Schritten.
Falsch wäre es hingegen, etwa § 439 Abs. 1 BGB zu ermitteln, selbst wenn auf den ersten Blick feststeht, dass ein Kaufvertrag vorliegt. Zwar setzt diese Norm tatbestandlich einen Kaufvertrag voraus. Ihre Rechtsfolge ist aber ein Anspruch auf Nacherfüllung, nach einem solchen Anspruch ist jedoch nicht gefragt.

a) Antwortnormen

Antwortnormen sind **Rechtsnormen, deren Rechtsfolge die Fallfrage unmittelbar beantwortet**.

Ist im **Zivilrecht** nach einem Anspruch gefragt, so ist die Antwortnorm eine **Anspruchsgrundlage**.

Beispiel: Ist gefragt, ob der Verkäufer vom Käufer Kaufpreiszahlung verlangen kann, so ist die Antwortnorm § 433 Abs. 2 Var. 1 BGB.

Beispiel: Ein Herausgabeanspruch kann sich u.a. aus §§ 667, 985, 861, 1007 Abs. 1 u. 2, 823 Abs. 1 oder 2, 816 Abs. 1 S. 1 oder 2 BGB ergeben.

Wichtig ist, dass sich die **Anspruchsgrundlage** zwar oft **aus dem Gesetz** ergibt, aber **auch einem Vertrag entstammen** kann. Die **Vertragsfreiheit** (von § 311 Abs. 1 BGB deklaratorisch genannt, aus Art. 2 Abs. 1 GG abgeleitet) ist ein Grundprinzip des Zivilrechts. Sie gestattet es, auch solche Ansprüche aus solchen Verträgen zu kreieren, die der Gesetzgeber nicht normiert oder ausgestaltet hat.

Beispiel: Wenn im Klausursachverhalt ein Mietvertrag abgedruckt ist, dessen § 8 den Mieter verpflichtet, einmal in der Woche mit dem Hund des Vermieters Gassi zu gehen, dann hat der Vermieter gegen den Mieter einen entsprechenden Anspruch aus § 8 des Mietvertrags (und nicht etwa aus § 535 Abs. 2 BGB)

Bezieht sich die Frage auf die Inhaberschaft eines Rechts, so müssen Sie die einschlägigen **Erwerbstatbestände** ermitteln.

Beispiel: Zur Frage, ob A Eigentum an einer beweglichen Sache erworben hat, können §§ 929 - 935 BGB, aber auch § 950 BGB u.a. die Antwortnorm sein.

Stellt sich im **Öffentlichen Recht** die Frage, ob die Behörde eingreifen darf, so ist Antwortnorm eine **Ermächtigungsgrundlage**.

Beispiel: Einschreiten der Behörde gemäß § 15 VersG oder § 8 PolG NRW

Im **Strafrecht** sind die **Straftatbestände** die Antwortnormen. Die Rechtsfolge ist hier stets dieselbe („wird ... bestraft"). Daher bietet sich hier eine **Differenzierung nach den geschützten Rechtsgütern** an.

Beispiel: A klebt im Baumarkt auf einen Rasenmäher das Preisschild eines Schraubenziehers, so dass er an der Kasse nur den geringeren Preis bezahlen muss. A könnte das Hausrecht, das Eigentum, die Willensfreiheit und/oder eine Urkunde des Baumarkts sowie das Interesse des Rechtsverkehrs an unverfälschten Urkunden in strafwürdiger Weise verletzt haben. Antwortnormen sind daher insbesondere §§ 123 Abs. 1 Var. 1, 242 Abs. 1, 263 Abs. 1, 267 Abs. 1 Var. 2 u. 3, 274 Abs. 1 Nr. 1 StGB.

b) Gegennormen

Gegennormen sind Rechtsnormen, deren Rechtsfolge die Rechtsfolge der Antwortnorm oder einer anderen bei der Fallbearbeitung benötigten Vorschrift **ausschließen oder einschränken**.

Im **Zivilrecht** handelt es sich zuvorderst um die **Einwendungen im weiteren Sinne**:

- **rechtshindernde Einwendungen:** Einwendungen, die das Entstehen des nach der Antwortnorm möglichen Rechtsverhältnisses bzw. Anspruchs von vornherein ausschließen;

  Beispiele: Nichtigkeit eines Vertrages nach § 134 oder § 138 BGB; gemäß § 142 Abs. 1 BGB rückwirkende Anfechtung

- **rechtsvernichtende Einwendungen:** Einwendungen, die ein entstandenes Rechtsverhältnis oder zumindest den sich aus ihm ergebenden Anspruch wieder zum Erlöschen bringen;

  Beispiele: Erfüllung, § 362 Abs. 1 BGB; Aufrechnung, § 389 BGB, Erlassvertrag, § 397 BGB; Kündigung, § 314 BGB

- **rechtshemmende Einwendungen (Synonym: Einreden):** Einwendungen, die nur bei Geltendmachung wirken und die den Anspruch nicht vernichten, aber seine Durchsetzbarkeit zeitweilig **(dilatorisch)** oder dauerhaft **(peremptorisch)** hindern.

  Beispiele: Verjährung, § 214 BGB; nicht erfüllter Vertrag, § 320 BGB

Die im **Öffentlichen Recht** durch einen Verwaltungsakt begründete Rechtsfolge endet, wenn der Verwaltungsakt durch die Behörde zurückgenommen oder widerrufen wird, vgl. §§ 43 Abs. 2, 48 f. VwVfG.

Strafrechtliche Gegennormen verbieten eine Bestrafung, wenn der Täter nicht rechtswidrig oder nicht schuldhaft gehandelt hat, z.B. nach §§ 32 ff. StGB.

c) Hilfsnormen

Hilfsnormen **definieren** oder **erläutern** ein Tatbestandsmerkmal der Antwort- oder Gegennorm oder einer anderen zu ihrer Anwendung benötigten Vorschrift (Definitionsnorm, Erläuterungsnorm).

Beispiele: Sache, § 90 BGB; Vertretenmüssen, § 276 Abs. 1 BGB; Zustandekommen eines Vertrages, §§ 145 ff. BGB; Behörde, § 1 Abs. 4 VwVfG (des Bundes); Personen- und Sachbegriffe, § 11 StGB

d) Reihenfolge und Zusammenspiel der Normtypen

Die Fallbearbeitung muss mit der **Antwortnorm** beginnen. Sie müssen sie selbst dann benennen und das Vorliegen ihrer Voraussetzungen darlegen, wenn sich insofern keinerlei Probleme stellen.

Beispiel: A verlangt von B Zahlung aufgrund einer Schlägerei, B beruft sich auf Verjährung (vgl. § 214 Abs. 1). Der Fall enthält nur Probleme zur Verjährung. – Sie müssen §§ 823 Abs. 1, 249 Abs. 2 BGB als Anspruchsgrundlage benennen und die Voraussetzungen dieser Norm (wenn auch in aller Kürze) bejahen, bevor Sie die Verjährung als Gegennorm ausführlich prüfen.

Beispiel: Ist gefragt, ob eine Behörde einen bestimmten Verwaltungsakt erlassen darf, so müssen Sie als erstes die einschlägige Ermächtigungsgrundlage benennen und ihre formellen und materiellen Voraussetzungen abprüfen. Ob dieser Verwaltungsakt Grundrechte des Bürgers verletzt und verhältnismäßig ist, ergibt sich aus Gegennormen und ist daher erst danach zu erörtern.

Beispiel: Im Strafrecht beginnen Sie immer mit der Benennung des Straftatbestands, an welche sich die Prüfung seiner objektiven und subjektiven Merkmale anschließt. Gegennormen, aus denen sich ergeben kann, dass der Täter gerechtfertigt ist oder nicht schuldhaft handelte, werden erst danach erörtert.

Die Rechtsfolge der Antwortnorm tritt nur ein, wenn dem **keine Gegennorm** entgegensteht. Die Prüfung kann dabei wie erwähnt **mehrfach verschachtelt** sein, daher ist zu beachten, dass eine erstrangige Gegennorm nur greift, soweit ihr nicht eine zweitrangige Gegennorm entgegensteht, der aber wiederum keine drittrangige Gegennorm entgegenstehen darf usw.

Beispiel: K kauft von V ein Auto. Bei K verbrennt es zu Asche, weil bei Herstellung die Batterie falsch angeschlossen wurde. K tritt vom Kaufvertrag zurück. – Grundsätzlich hat V gegen K einen Anspruch auf Herausgabe des Autos, § 346

Abs. 1 BGB. Das Auto ist aber i.S.d. § 346 Abs. 2 S. 1 Nr. 3 BGB (erstrangige Gegennorm) untergegangen, daher ist der Anspruch auf Wertersatz gerichtet. Jedoch wäre das Auto auch dann abgebrannt, wenn V es noch gehabt hätte, daher schuldet K dem V keinen Wertersatz, sondern nur Herausgabe der Asche, § 346 Abs. 3 S. 1 Nr. 2 Var. 2 u. S. 2 BGB (zweitrangige Gegennorm).

Hilfsnormen sind jeweils dann heranzuziehen, wenn in ihnen ein Begriff aus einer Antwort- oder Gegennorm definiert wird.

Beispiel: Um 10 Uhr verklebt T die Öffnung eines Wasserhahns mit Klebeband und dreht ihn auf. Um 11 Uhr löst sich das Klebeband und das ganze Haus steht unter Wasser. –
Nach Bejahung des objektiven Tatbestands einer Sachbeschädigung (§ 303 StGB) prüfen Sie angesichts § 15 StGB den Vorsatz des Täters. Gemäß § 16 S. 1 StGB muss dieser „bei Begehung der Tat" vorliegen. Der Hilfsnorm des § 8 StGB können Sie entnehmen, dass hierunter der Zeitpunkt der Tathandlung (und nicht des Taterfolgs) zu verstehen ist. Sie müssen also prüfen, ob T um 10 Uhr Vorsatz hatte.

4. Wissen bzw. Kennen, anderenfalls Suchen

Primäre Quelle Ihrer Normsuche ist zunächst das bei Ihnen bereits vorhandene **Wissen**. Dabei geht es nicht darum, den Wortlaut der Normen auswendig rezitieren zu können. Es genügt vielmehr, dass Sie den **Regelungsgehalt der Normen und ihren Standort im Gesetz kennen** und sie bei Bedarf schnell aufschlagen und durchlesen können.

Je mehr Normen Sie kennen, umso mehr Zeit sparen Sie in der Klausur. Ihr Ziel ist es daher, ab dem ersten Tag des Studiums **Wissen und Kenntnisse stetig auszubauen**. Hierzu dient, neben dem rein **abstrakten Erlernen**, insbesondere das Schreiben oder zumindest gedankliche Lösen von **Übungsklausuren und -fällen** nebst dem anschließenden Durcharbeiten der Musterlösung.

Die Rechtsordnung ist aber so umfangreich, dass kein Jurist sie auch nur ansatzweise komplett in aller Tiefe kennt. Das gilt für erfahrene, gestandene Volljuristen und daher erst recht für Sie.

Es zeichnet einen guten Juristen gerade aus, dass er sich in **unbekannte Materien** schnell einarbeiten und auch **unbekannte Fälle** lösen kann. Die Semesterabschlussklausuren enthalten zwar oft (Teile von) Fällen, die Sie mehr oder weniger auswendig lernen und lösen können. Im Examen werden ihnen aber mit Sicherheit Klausurfälle begegnen, die Ihnen allenfalls bekannt sein werden, wenn Sie sich mit der aktuellen Rechtsprechung vertraut gemacht haben.

Zudem ist es laut einigen Juristenausbildungsgesetzen der Länder ausdrücklich erlaubt, Rechtsbereiche zu prüfen, die nicht im Prüfungskatalog stehen (**„Entdeckerklausuren"**), solange eine Lösung nur mithilfe des Gesetzeswortlauts sowie methodischer Fähigkeiten und ohne vertiefte Kenntnis von Literatur und Rechtsprechung möglich ist (**Vademecum-Klausel**, z.B. § 11 Abs. 1 S. 2 JAG NRW). Seit Ende 2016 wird über eine Reform der Ausbildungsgesetze zwischen den Ländern verhandelt. Laut Beschluss der Justizministerkonferenz vom 09.11.2017 wird empfohlen, in sämtlichen Bundesländern eine Vademecum-Klausel einzuführen.

Sofern Ihr Wissen und Ihre Kenntnisse nicht ausreichen, müssen Sie sich auf die **Suche** nach den Normen begeben. Dabei müssen Sie **zwischen programmiert-diszipliniertem Denken und intuitiv-kreativer Fantasie pendeln**. Zudem müssen Sie sich ein **Störgefühl** antrainieren, das Sie beschleicht, wenn sich Ihr Wissen, Ihre Kenntnisse und das Ergebnis der bisherigen Suche nicht richtig oder nicht vollständig „anfühlen". Auch dies erreichen Sie durch ständiges Falllösen und Klausurschreiben.

Beispiel: D stiehlt eine antike Münze. D übereignet sie an X. Ist X Eigentümer? –

1. Vielen dürfte bereits nach wenigen Wochen im Studium **bekannt** sein, dass eine gestohlene bewegliche Sache nicht übereignet werden kann und dass dies in den Vorschriften zur Übereignung beweglicher Sachen geregelt ist. Irgendwann werden Sie auswendig **wissen**, dass dies in § 935 Abs. 1 S. 1 BGB geregelt ist.

2. Sie haben ein **Störgefühl**, ob dies auch für Bargeld gelten soll, denn dann müsste jeder Erwerber von Bargeld stets misstrauisch sein, sodass die Verkehrsfähigkeit des Bargelds eingeschränkt wäre. Sie denken **diszipliniert** nach und **suchen** nach einer Ausnahme, die **systematisch** oft direkt hinter dem Grundsatz steht. Sie finden dadurch § 935 Abs. 2 BGB, der bestimmt, dass gestohlenes Bargeld übereignet werden kann. Ab sofort ist Ihnen der Regelungsgehalt auch dieser Norm **bekannt**.

3. Auch insofern haben Sie ein **Störgefühl**, denn nach seinem **Zweck** könnte § 935 Abs. 2 BGB nur aktuelle Zahlungsmittel erfassen, weil nur hinsichtlich dieser eine hohe Verkehrsfähigkeit gewährleistet sein muss. **Intuitiv-kreativ** entscheiden Sie sich daher, § 935 Abs. 2 BGB bei antiken Münzen, die kein staatlich anerkanntes Zahlungsmittel mehr sind, nicht anzuwenden und daher den Eigentumserwerb des X nach § 935 Abs. 1 S. 1 BGB zu verneinen.

4. Sie schauen in die Musterlösung und erfahren, dass Ihre Lösung gut vertretbar ist und der h.M. (insbesondere der Rechtsprechung des BGH) entspricht. Sie haben Ihr **Wissen** und Ihre **Kenntnisse** hierdurch **erweitert**. Falls Ihnen das Problem „Übereignung einer gestohlenen beweglichen Sache, insbesondere einer Sammlermünze" erneut begegnen sollte, müssen Sie nicht wieder suchen und sparen hierdurch Zeit.

5. Suchstrategien

Bei der Suche helfen folgende **Strategien**:

a) Funktion der Norm

Zuvorderst müssen Sie sich an der Funktion der Norm orientieren:

■ Welche **Antwortnormen** enthalten die Rechtsfolge, nach der die Fallfrage fragt (bzw. im Strafrecht: welche Antwortnormen schützen das verletzte Rechtsgut)?

> **Beispiel:** Sie suchen eine Antwortnorm, die den Schlag auf den Kopf eines Menschen bestraft. Die Antwortnorm dürfte sich bei den Straftaten gegen die körperliche Unversehrtheit (§§ 223- 231 StGB) finden.

■ Welche **Gegennormen** torpedieren die Rechtsfolge der Antwortnorm?

> **Beispiel:** Sie suchen eine Gegennorm, die einen Anspruch vernichtet, weil der Gläubiger „zufriedengestellt" wurde. Die Gegennorm dürfte sich in den §§ 362 - 397 BGB (Erfüllung und Erfüllungssurrogate) finden.

■ Gibt es **Hilfsnormen** zu den Antwort- und Gegennormen?

b) Suche im Gesetz

Es kann nicht oft genug betont werden: **Ein Blick ins Gesetz erleichtert die Rechtsfindung.** Sie müssen lernen und üben, Klausuren **nur mit dem Gesetz und dem Ihnen bekannten Wissen** zu lösen. Das bedeutet:

■ Vor und nach den Übungsklausuren bzw. -fällen sollten Sie natürlich mit Hilfe von Skripten, Schemata, Lehrbüchern usw. lernen. Aber **während der Lösungsphase** selbst sollten Sie nur **das Gesetz benutzen** – in den Semesterabschluss- und Examensklausuren haben Sie auch kein anderes Hilfsmittel.

■ Versuchen Sie **nicht**, Klausuren nur mit Ihrem Wissen **aus dem Kopf und ohne das Gesetz** zu lösen. Ihr Wissen wird wie gesagt nie vollständig sein, das Gesetz unterstützt Sie. Außerdem ist der **Wortlaut** eines Gesetzes die **wichtigste Auslegungsmethode**, daher müssen Sie das Gesetz Wort für Wort lesen, anstatt es nur „sinngemäß" (vermeintlich) auswendig zu kennen.

Sie müssen so früh wie möglich den Umgang mit den **Gesetzessammlungen** üben, die in den alles entscheidenden Examensklausuren genutzt werden dürfen. Das sind in beiden Examina die roten Sammlungen des Beck-Verlags (Schönfelder, Sartorius u.a.) und in einigen Ländern im ersten Examen die Sammlungen des

Nomos-Verlags. Die Texte des dtv-Verlags oder digitale Texte sind nur eine Notlösung für die ersten Semester bzw. für unterwegs.

Viele Fälle sind eindeutig einem Gesetz zuzuordnen. Gelegentlich müssen Sie in den **Gesetzessammlungen** aber zunächst überhaupt das **richtige Gesetz** finden.

Beispiel: Prüfungsfälle zum materiellen Strafrecht lösen Sie natürlich mit dem StGB. Aber hätten Sie bei einer öffentlich-rechtlichen Klausur rund um die Wahl einer Richterin an das Bundessozialgericht sofort das Richterwahlgesetz (RiWG) im Sartorius (Ordnungsziffer 610) aufgeschlagen?

Auch wenn man eine **Vorschrift gefunden** hat, sollte man in deren **Umfeld weiterlesen**. Oft findet sich in einem früheren oder späteren Absatz oder Paragraphen/Artikel eine Ergänzung oder eine Ausnahme bzw. der Grundsatz zu der gefundenen Norm.

Wertvolle Hilfe bietet auch das (oft amtliche) **Inhaltsverzeichnis des Gesetzes**, mit welchem Sie sich auf einem Blick die übergreifende **Systematik** des Gesetzes verdeutlichen können.

Beispiel: Bei der Zwangsvollstreckung nach der ZPO findet man die richtige Vorschrift mit der Frage: „Wegen was" wird „in was" vollstreckt? Dem Inhaltsverzeichnis zum 8. Buch der ZPO lässt sich dies auf einen Blick entnehmen.

c) Suche im Sachregister

Am Ende der Gesetzessammlungen befindet sich ein letzter **Rettungsanker**, das (nicht amtliche) Sachregister. Es wird mitunter hämisch „Idiotenwiese" genannt, aber ebenso wie die Inhaltsverzeichnisse kann es Sie auf die entscheidende Fährte bringen. Also keine falsche Scham davor, die Idiotenwiese zu betreten.

d) Suche im Sachverhalt

Der Sachverhalt insbesondere im Öffentlichen Recht und manchmal im Zivilrecht enthält häufig **Hinweise auf Rechtsfragen oder sogar konkrete Normen**. Mitunter sind diese im Sachverhalt ausdrücklich benannt oder zumindest recht deutlich umschrieben. Manche Details erschließen sich hingegen erst, wenn man bereits mit rechtlichen Überlegungen begonnen hat und dann nochmals auf den Sachverhalt zurückblickt („Pendelblick"). Hierzu zählen vor allem die **Interessenkonflikte der Parteien**, aus welchen Sie die Rechtsfragen ableiten können.

Beispiel: Laut Sachverhalt sagt A, es könne „doch nicht sein, dass B ihn nach so langer Zeit noch in Anspruch nimmt, zumal B die Sachlage doch bereits seit Jahren hätte kennen müssen, wenn er sich informiert hätte." –
Dies ist ein Wink mit dem Zaunpfahl, dass von Ihnen die Prüfung der Verjährung (§§ 194 ff. BGB) erwartet wird, insbesondere des § 199 Abs. 1 Nr. 2 BGB.

6. Ideenzettel

Ihr zu Beginn angelegter Ideenzettel sollte sich bereits während des Sammelns der Normen merklich gefüllt haben. Inzwischen sollte auf diesem stehen, welche **Vorschriften** zumindest möglicherweise eingreifen (die gänzlich abwegigen haben Sie inzwischen gestrichen). Es schadet auch nicht, wenn Sie bereits erste Vorschriften als **besonders problembehaftet** und daher als **Lösungsschwerpunkte** markiert (z.B. durch Unterstreichen) und andere Vorschriften als eindeutig erfüllt bzw. nicht erfüllt (z.B. durch Einklammern) gekennzeichnet haben. Vielleicht haben Sie ferner einzelne wichtige **Zwischenergebnisse** oder zumindest **Weichenstellungen** („wenn § 32 StGB (+), dann...; wenn § 32 StGB (-), dann...") notiert.

Insbesondere die zuletzt genannten Punkte werden Sie zwar erst im 6. und 7. Schritt konzentriert beleuchten. Der Ideenzettel dient aber ja dazu, **jede Idee sofort festzuhalten**, um zu verhindern, dass sie Ihnen wieder entfallen ist, wenn sie „nach Plan" „an der Reihe" ist. Hier zeigt sich, dass mit zunehmendem Training die einzelnen Schritte ineinander übergehen.

II. Ordnen der Rechtsnormen

Bei der Prüfung der Rechtsnormen ist eine bestimmte **Reihen- und Rangfolge** einzuhalten.

Die folgenden Ausführungen und Beispiele sind **nicht abschließend**. Sie vermitteln Ihnen nur eine allgemeine Richtschnur für das generelle methodisch-korrekte Lösen einer Klausur. **Spezielle und detaillierte Kenntnisse** zu den Ordnungskriterien der einzelnen Rechtsbereiche müssen Sie sich bei der **Erarbeitung des jeweiligen Rechtsbereichs** aneignen. Wenn Sie in einer Klausur nicht weiterwissen, dann können Sie sich die spezifischen Ordnungskriterien mit den folgenden generellen Ausführungen herleiten.

Ganz wichtig ist, dass das Folgende überwiegend– wie überhaupt jedes Aufbauschema – nur eine **Empfehlung für den Regelfall** ist, die sich im Laufe der Zeit als zweckmäßig herausgestellt und daher als üblich etabliert hat. In den meisten Fällen gibt das Gesetz aber **keine rechtsverbindliche Reihenfolge** vor. Sie müssen sich daher stets fragen, ob der **konkrete Einzelfall** es gebietet, eine andere Reihenfolge zu wählen.

Oberstes Ziel eines jeden Aufbaus und einer jeden Normordnung sind

- die **Verständlichkeit** der Darstellung,
- die **Beachtung** des **Vorrangs** einer Norm, insbesondere eine von ihr ausgelöste **Sperrwirkung** und
- soweit möglich, die **Vermeidung** von **Inzidentprüfungen**.

1. Allgemeine Ordnungskriterien

Ordnungskriterien für jedes Rechtsgebiet sind der Vorrang und die Zweckmäßigkeit.

a) Rangverhältnis

Es gibt **sechs Fälle** des Vorrangs:

aa) Logischer Vorrang

Eine Norm oder eines ihrer Merkmale kann **denklogisch** erst prüfbar sein, nachdem man zuvor über eine andere Norm oder ein anderes Merkmal in einem bestimmten Sinne entschieden hat. Ein solcher Vorrang ist nach dem **abstrakten Inhalt des Gesetzes** und nicht nach den konkreten Fallumständen zu beurteilen.

Beispiel: Die Anwendbarkeit einer Norm (z.B. ihre Vereinbarkeit mit Verfassungsrecht, insbesondere in Klausuren aus dem öffentlichen Recht) ist zu klären, bevor man ihre Voraussetzungen erörtert.

Beispiel: Bei einer unerlaubten Handlung gemäß § 823 Abs. 1 BGB ist die Rechtsverletzung logisch vorrangig vor ihrer Widerrechtlichkeit und dem Verschulden. Die Widerrechtlichkeit ist wiederum logisch vorrangig vor dem Verschulden, welches auch die Widerrechtlichkeit umfassen muss. Auch im Strafrecht wird geprüft: objektiver Tatbestand, subjektiver Tatbestand, Rechtswidrigkeit, Schuld.

bb) Spezialität

Spezialität liegt vor, wenn zwei Normen dieselben Voraussetzungen haben (A, B, C) und eine von ihnen zusätzlich weitere Voraussetzungen hat (A, B, C, D, E).

Beispiel: Diebstahl mit Waffen (§ 244 Abs. 1 StGB) ist spezieller als (einfacher) Diebstahl (§ 242 StGB).

Im **Zivilrecht** und im **Öffentlichen Recht** werden **Spezialnormen regelmäßig vor den allgemeinen Normen** geprüft. Die Spezialität kann sich aus dem **Gesetzeswortlaut** oder aus **systematischen Überlegungen** ergeben. Reichen die Rechtsfolgen der allgemeinen Norm weiter als die der Spezialnorm oder ist der Tatbestand der Spezialnorm nicht vollständig erfüllt, so ist durch Auslegung zu klären, ob die Spezialnorm eine **abschließende Regelung mit Sperrwirkung** enthält. Enthält die Spezialnorm keine abschließende Regelung, so bleibt die allgemeine Norm **anwendbar**, soweit die Spezialnorm nicht erfüllt ist. Es besteht keine Sperrwirkung.

Beispiel: Das EBV soll gerade dann spezieller als die §§ 823 ff. BGB und §§ 812 ff. BGB sein, wenn sich aus den Vorschriften des EBV (insb. §§ 987, 989, 990 BGB) kein Anspruch auf Nutzungs- bzw. Schadensersatz ergibt. Ein Besitzer, der nicht aus dem EBV haftet, soll auch nicht aus allgemeineren Normen haften. Daher sperrt das EBV die §§ 823 ff. BGB und §§ 812 ff. BGB.

Beispiel: Maßnahmen gegenüber einer Versammlung darf die zuständige Behörde nur nach dem einschlägigen Versammlungsgesetz des Bundes bzw. mancher Länder treffen. Nur diese berücksichtigen den Schutz der Versammlung durch Art. 8 GG. Das allgemeine Polizei- und Ordnungsrecht ist gesperrt.

Gegenbeispiel: Liegt keine Sittenwidrigkeit wegen Wuchers (§ 138 Abs. 2 BGB) vor, so ist die allgemeine Sittenwidrigkeit (§ 138 Abs. 1 BGB) zu prüfen.

Gegenbeispiel: Scheitert eine Strafbarkeit nach § 340 StGB daran, dass der Täter kein Amtsträger i.S.d. § 11 Abs. 1 Nr. 2 StGB ist, so kann er sich gleichwohl noch nach § 223 StGB strafbar gemacht haben.

Auch im **Strafrecht** prüfen Sie die speziellere Norm zuerst, wenn die allgemeine Norm keine großen Probleme aufwirft. Sie sollten aber zwecks Übersichtlichkeit mit der allgemeinen Norm beginnen, wenn diese längere Ausführungen erfordert. Das Verhältnis der Normen zueinander klären Sie in beiden Fällen zum Schluss unter dem Prüfungspunkt „**Konkurrenzen**".

Beispiel: Ist äußerst fraglich, ob der Dieb Vorsatz hinsichtlich des Merkmals „fremd" hatte, so sollten Sie zunächst § 242 StGB prüfen und dort diese Problematik ansprechen. Falls Sie § 242 StGB bejaht haben, prüfen Sie als nächstes § 244 StGB. Falls Sie sodann auch § 244 StGB bejaht haben, stellen Sie zum Schluss fest, dass § 244 StGB spezieller als § 242 StGB ist, sodass § 242 StGB zurücktritt und daher nur eine Strafbarkeit aus § 244 StGB vorliegt.

Gegenbeispiel: Ist § 242 StGB recht zweifelsfrei erfüllt und liegen die Probleme des Falls im Bereich des § 244 StGB, dann können Sie direkt eine Strafbarkeit nach §§ 242, 244 StGB prüfen und sämtliche Merkmale beider Normen nacheinander erörtern. Das spart Schreibarbeit und wirkt souveräner.

cc) Subsidiarität

Von Subsidiarität spricht man, wenn von mehreren auf einen Sachverhalt zutreffenden Normen die eine **nur hilfsweise** für den Fall Geltung beansprucht, dass nicht bereits die andere durchgreift.

Auch eine Subsidiarität kann sich aus der **Systematik** ergeben oder **ausdrücklich im Wortlaut klargestellt** sein.

Beispiele für angeordnete (formelle) Subsidiarität: „nicht bestimmt" (§ 271 BGB); „sofern sich nicht aus dem Gesetz ein anderes ergibt" (§ 741 BGB); „wenn die Tat nicht in anderen Vorschriften mit schwererer Strafe bedroht ist" (§ 246 Abs. 1 StGB).

dd) Vom Grundsatz zur Ausnahme

Im **alltäglichen Leben** neigt man dazu, in atypischen Situationen sofort den Ausnahmecharakter der Situation anzusprechen. So wird der Gesprächspartner nicht mit banalen Alltäglichkeiten genervt, sondern direkt auf die unerwartete Situation hingewiesen.

Niemand sagt „Grundsätzlich ist eine Brücke dazu da, um auf ihr über den Abgrund zu laufen, aber ausnahmsweise solltest Du diese Brücke hier nicht betreten, weil sie defekt ist.". **Üblich** ist vielmehr „Du solltest die Brücke nicht betreten, weil sie defekt ist."

In der **Klausur** und sowieso allgemein beim **juristisch-logischen Denken** ist es hingegen üblich und sinnvoll, **Regelungsstrukturen vom Grundsatz zur Ausnahme** hin darzustellen. Hauptgrund dafür ist, dass auch der Gesetzgeber diese Technik benutzt, das wird zum Beispiel sehr schön in § 366 Abs. 2 BGB deutlich. Dementsprechend ist der Adressat Ihres Gutachtens (Ihr Prüfer) diese **Darstellungsweise** gewohnt. Auch Ihnen wird diese Darstellungsweise immer mehr in Fleisch und Blut übergehen. Sie sollten auch **beim Lernen** Regelungsbereiche möglichst oft in Regel-Ausnahme-Rückausnahme-Beziehungen einteilen.

Beispiel: Grundsätzlich ist es gemäß § 137 S. 1 BGB nicht möglich, durch Rechtsgeschäft die eigene Verfügungsbefugnis über ein Recht einzuschränken. Ausnahmsweise ist eine solche Beschränkung gemäß § 399 Var. 2 BGB aber bezüglich Rechten in Form einer Forderung doch möglich. Als Rückausnahme bestimmt jedoch § 354 a Abs. 1 S. 1 HGB, dass eine Verfügungsbeschränkung hinsichtlich bestimmter Geldforderungen nicht möglich und daher eine Abtretung möglich ist. Eine Ausnahme zu dieser Rückausnahme findet sich schließlich in § 354 a Abs. 2 HGB für bestimmte Darlehensforderungen.

ee) Verfahrensrechtlicher Vorrang

Aufgrund verfahrensrechtlicher Vorschriften kann zunächst eine Frage positiv zu entscheiden sein, ehe die andere geprüft werden darf. Es gibt zwei Hauptfälle:

- **Zulässigkeit** einer Klage **vor der Begründetheit** einer Klage

  Die Zulässigkeitsprüfung betrifft nämlich die Frage, ob der Richter zu dem sachlichen Streit, d.h. zur Begründetheit, **überhaupt Stellung nehmen darf**. Ist beispielsweise der Kläger nicht parteifähig, so ist die Klage nicht zulässig, und der Richter darf (!) ihre Begründetheit nicht prüfen.

- **Formelle Voraussetzungen** des Behördenhandelns **vor materiellen Voraussetzungen**

  Eine Behörde prüft zuallererst, ob sie **zuständig** ist und sodann, welche **Verfahrens- und Formvorschriften** sie einhalten muss, bevor sie die materiellen Voraussetzungen der Ermächtigungsgrundlage prüft. In der Klausur befinden Sie sich oft nicht in der Rolle der Behörde, sondern sie prüfen eine bereits ergangene behördliche Entscheidung. Dabei ist es dann zwar nicht zwingend, dieselbe Prüfreihenfolge wie die Behörde einzuhalten, aber es ist absolut üblich und daher zu empfehlen.

ff) Parteibestimmung

In öffentlich-rechtlichen und noch mehr in zivilrechtlichen Klausuren kann die **Erklärungen einer Partei** die Ordnung der Normen beeinflussen.

So ist im Zivilprozess das Gericht an die Anträge der Parteien gebunden (**Dispositionsgrundsatz**, § 308 ZPO). Hauptanwendungsfall sind die echten **Haupt- und Hilfsanträge**.

Beispiel: K verlangt in erster Linie Herausgabe einer Sache, hilfsweise Schadensersatz für ihren Verlust. –
Es ist zunächst eine vollständige Prüfung (Zulässigkeit und Begründetheit) des Hauptantrags erforderlich. Erst dann und nur, wenn der Hauptantrag unzulässig oder unbegründet ist, dürfen Sie den Hilfsantrag prüfen.

Auch aus materiell-rechtlichen Erklärungen als Ausdruck der **Privatautonomie** kann sich ein Vorrang ergeben.

Beispiel: Erklärung der Anfechtung und hilfsweise des Rücktritts. Sie prüfen zunächst die Anfechtung. Nur, wenn die Anfechtung keinen Erfolg hat, prüfen Sie den Rücktritt.

Eine Festlegung der **Reihenfolge**, in der das Gericht die **Anspruchsgrundlagen** zu prüfen hat (z.B. „gesetzliche vor vertraglichen Ansprüchen"), ist dem Kläger jedoch **nicht gestattet**.

b) Zweckmäßigkeit

Soweit kein Vorrang besteht, erfolgt die Prüfung nach Zweckmäßigkeitsgesichtspunkten. Im Wesentlichen gelten für alle Rechtsgebiete zwei Zweckmäßigkeitsgesichtspunkte:

■ An den Anfang gehört möglichst die Vorschrift mit der größten **Kennzeichnungs- und Durchschlagskraft**. Das ist im Zivilrecht die Anspruchsgrundlage, die das Gläubigerinteresse am besten befriedigt, weil sie die weitestgehende Rechtsfolge hat und/oder am leichtesten festzustellen ist. Ähnlich ist es im öffentlichen Recht, denn dort sollten Sie das Grundrecht mit dem stärksten Schutz zuerst prüfen. Im Strafrecht ist es das Delikt mit der höchsten Strafandrohung.

Beispiele: Prüfen Sie Mord (§ 211 StGB) vor Hausfriedensbruch (§ 123 StGB) und Freiheitsgrundrechte (z.B. Art. 4, 5, 9, 12, 14 GG) vor Gleichheitsgrundrechten (z.B. Art. 3 GG). Keine klare Empfehlung besteht hingegen für Ansprüche aus Rücktritt (§§ 346 ff. BGB) und vertraglichem Schadensersatz statt der Leistung (§§ 280 Abs. 1 u. 3, 281/283 BGB). Die Rechtsfolge des Schadensersatzes geht zwar weiter als die des Rücktritts, dafür erfordert der Schadensersatz ein (wenn auch vermutetes, § 280 Abs. 1 S. 2 BGB) Vertretenmüssen des Schuldners. Wichtig ist vor allem, dass Sie beide Ansprüche prüfen, vgl. § 325 BGB.

▨ **Inzidentprüfungen** sollten Sie, wie erwähnt, **vermeiden**.

Beispiel: Voraussetzung der Strafbarkeit eines Teilnehmers ist, dass eine vorsätzliche rechtswidrige Haupttat vorliegt (vgl. §§ 26, 27 Abs. 1 StGB). Ist A (möglicherweise) Täter und B (möglicherweise) Teilnehmer, dann prüfen Sie erst den A und dann den B. Würden Sie mit B beginnen, dann müssten Sie innerhalb dieser Ausführungen (inzident) die Strafbarkeit des A weitgehend erörtern müssen.

Gegenbeispiel: Ist allerdings nur nach der Strafbarkeit des B gefragt, oder ist A bereits verstorben, dann müssen Sie mit B beginnen und die Inzidentprüfung vornehmen.

2. Zivilrecht: Ordnung der Anspruchsgrundlagen

Die Reihenfolge der Ermächtigungsgrundlagen und Straftatbestände ist oft nicht zwingend, abgesehen von den unter 1. erörterten Grundregeln. Im Zivilrecht hingegen sind die Anspruchsgrundlagen in großem Maße voneinander abhängig. Bezogen auf das **jeweilige Begehren** des Anspruchsstellers sollten Sie daher die **Anspruchsgrundlagen** in folgender **Reihenfolge** prüfen

▨ **Vertragliche Ansprüche**

Vertragliche sind vor gesetzlichen Ansprüchen zu prüfen. Denn sie können die gesetzlichen Ansprüche ausschließen, indem sie etwa zu einer Geschäftsführung berechtigen (§ 677 BGB), ein Recht zum Behaltendürfen (§ 812 BGB), zur Verletzungshandlung (§ 823 BGB) oder zum Besitz (§ 986 BGB) gewähren und den deliktischen Haftungsmaßstab beeinflussen.

■ **Primäranspruch**

■ **Sekundäransprüche**

Der Primäranspruch (z.B. § 433 Abs. 1 S. 1, Übergabe und Übereignung der Kaufsache) bzw. sein Schicksal ist Tatbestandsvoraussetzung der Sekundäransprüche, die neben ihn (z.B. §§ 280 Abs. 1 u. 2, 286 BGB) bzw. an seine Stelle (z.B. §§ 280 Abs.1 u. 3, 281/283 BGB oder § 346 BGB) treten. Seine vorrangige Prüfung verhindert daher Inzidentprüfungen.

▨ **Quasivertragliche Ansprüche (vertragsähnliche Ansprüche)**

■ **Schadensersatz aus vorvertraglichem Schuldverhältnis**, §§ 280 Abs. 1, 311 Abs. 2, 241 Abs. 2 BGB (sog. culpa in contrahendo)

■ Ansprüche aus **Geschäftsführung ohne Auftrag,**
§§ 677 ff. BGB

Zumindest Ansprüche aus berechtigter Geschäftsführung ohne Auftrag
sind vor gesetzlichen Ansprüchen zu prüfen. Diese gewährt ähnlich wie
ein Vertrag Rechte zum Behalten (§ 812 BGB), zum Eingriff (§ 823 BGB)
und zum Besitz (§ 986 BGB) und kann den deliktischen Haftungsmaßstab
beeinflussen (vgl. § 680 BGB).

■ **Dingliche Ansprüche** (§§ 861 f., 985, 987 ff., 1004, 1007, 2018 ff.
BGB)

Dingliche Ansprüche sollten vor dem Delikts- und vor dem Bereicherungs-
recht geprüft werden. Sie enthalten insbesondere für Schadensersatz und
Nutzungen spezielle Regelungen, die Delikts- und Bereicherungsansprü-
che weitgehend sperren (vgl. § 993 Abs. 1 Hs. 2 BGB).

■ **Ausgleichsansprüche**

■ **ungerechtfertigte Bereicherung**, §§ 812 ff.

■ **unerlaubte Handlung**, §§ 823 ff.

Selbst, wenn diese Ansprüche nicht gesperrt sind, so können gleichwohl
ihre Tatbestandsmerkmale „ohne rechtlichen Grund" (§ 812 BGB) oder
„Rechtswidrigkeit" bzw. „Verschulden" (§ 823 BGB) von den zuvor genannten Ansprüchen beeinflusst werden.

Sie müssen ferner darauf achten, dass jeder neue Prüfungspunkt
ohne logische Brüche auf den vorherigen folgt. Das gilt in jedem
Rechtsgebiet, bereitet aber erfahrungsgemäß vor allem im Zivilrecht mitunter Schwierigkeiten. Insbesondere **Rechtsübertragun-**
gen müssen Sie u.U. **inzident und chronologisch rückwärts** prüfen.

Beispiel: A übereignet ein Fahrrad an B. B übereignet es an C.

■ Auf die Fragen, „Wer ist Eigentümer?" und „Ist B Eigentümer?" können Sie
chronologisch prüfen: Übereignung A an B und sodann Übereignung B
an C.

■ Auf die Frage „Ist C Eigentümer?", dürfen Sie jedoch nicht mit der Übereignung A an B beginnen, denn es ist an dieser Stelle nicht unmittelbar
relevant, ob B Eigentümer ist. Vielmehr müssen Sie mit der Übereignung
B an C beginnen und dabei darlegen, dass B zur Übereignung an C nur
berechtigt ist, wenn B Eigentümer ist. Dazu müsste B zuvor von A das Eigentum erhalten haben. Sie prüfen also die chronologisch erste Übereignung von A an B inzident in der chronologisch zweiten Übereignung von
B an C.

C. Rechtsanwendung (6. Schritt)

Nunmehr müssen Sie das **abstrakte Recht auf den konkreten Sachverhalt** der Klausur anwenden. Anders herum formuliert müssen Sie den **konkreten Sachverhalt unter das abstrakte Recht** ziehen – das ist dann die sog. **Subsumtion** (näher 1.).

Normen sollen alle denkbaren (und selbst noch nicht denkbaren) Lebenssachverhalte erfassen. Sie sind daher **abstrakt-generell** formuliert. Für grundrechtsbeschränkende Normen ist das sogar in Art. 19 Abs. 1 GG angeordnet.

Sie müssen untersuchen, ob und in welchem Umfang der Sachverhalt die **Tatbestände** der gesammelten Normen **erfüllt** und welche konkreten **Rechtsfolgen** sich dadurch für Ihren Fall ergeben.

Beispiel: In §§ 823 Abs. 1, 903 S. 1 und 1004 Abs. 1 BGB sowie in Art. 14 Abs. 1 S. 1 GG steht abstrakt-generell „Eigentum" – nicht etwa „gelbes Fahrrad", „alter Elefant", „rostiges Auto" oder „Zahlungsforderung". Sie müssen untersuchen, ob diese konkreten Gegenstände zum Eigentum gehören. –
Achtung: Dabei kann das Ergebnis je nach Rechtsgebiet unterschiedlich ausfallen. Die vier genannten Beispiele unterfallen alle dem Eigentumsbegriff des GG, nicht jedoch des BGB. Denn zivilrechtlich kann Eigentum nur an Sachen, also an körperlichen Gegenständen, und an Tieren bestehen, vgl. §§ 90 f. BGB. Daher gibt es an Forderungen kein Eigentum im zivilrechtlichen Sinne.

Von zentraler Wichtigkeit hierfür ist, dass Sie die bereits erwähnte Unterscheidung von Tatbestand und Rechtsfolge einer Norm („Wenn dies, dann das-Struktur") beachten. Die in der Rechtsnorm bestimmte **Rechtsfolge tritt im konkreten Einzelfall nur ein, wenn konkrete Tatsachen vorliegen, die den abstrakten Tatbestandsmerkmalen entsprechen.**

Die **Kunst in der Klausur** besteht darin, **grenzwertige Sachverhalte** zu beurteilen, die eine Rechtsnorm nur möglicherweise erfüllen. In der Klausur gibt es die Punkte nicht dafür, dass Sie dasselbe Ergebnis wie die Musterlösung oder die h.M. in vergleichbaren Fällen erzielen (obgleich das natürlich auch nicht schadet), sondern für eine überzeugende, logische Argumentation. Es gilt: **Je grenzwertiger der Sachverhalt, umso ausführlicher die Prüfung und umso entscheidender für eine gute Note.**

Beispiel: Dem Begriff „Abends" unterfällt sicherlich 19 Uhr, während 14 Uhr nachmittags und 6 Uhr morgens nicht dazu zählen.
Wie ist es aber mit 17.50 Uhr oder 21.50 Uhr? Gilt unter „Stadtmenschen" etwas anderes als unter sehr früh aufstehenden Bäckern und Landwirten? Ist nach Jahreszeiten und dem Zeitpunkt des Sonnenuntergangs zu differenzieren?

Beispiel: Die Körperverletzung (§ 223 StGB) erfordert u.a. eine körperliche Misshandlung. Es ist leicht zu erkennen, dass ein Faustschlag ins Gesicht dieses Merkmal erfüllt, während das kurze Zuwedeln von Luft mit einem Fächer den Tatbestand nicht erfüllt.

Wie ist es aber mit dem Anhauchen eines Menschen nach dem Verzehr einer Knoblauchzehe oder der Ausrichtung eines starken Industrieventilators auf ihn? Wie ist es mit einem Anspucken, einem Anschreien aus nächster Nähe ins Ohr oder dem Abschneiden von Haaren? Wie ist es mit einem Skalpellschnitt, den ein Arzt ausführt? Ist es beim Skalpellschnitt eines Tierarztes anders?

I. Prüfung einer Rechtsnorm

Grundsätzlich sollten Sie jede Norm so prüfen, dass Sie **jedes erforderliche Tatbestandsmerkmal einzeln** (in der gebotenen Länge oder Kürze) analysieren, wobei gelegentlich Merkmale nicht kumulativ, sondern nur alternativ vorliegen müssen. Auf diese Weise stellen Sie sicher, dass Sie kein Tatbestandsmerkmal vergessen. Sind alle erforderlichen Tatbestandsmerkmale erfüllt, so erörtern Sie sodann den **Inhalt und Umfang der Rechtsfolge.**

Beispiel: § 164 Abs. 1 BGB

(1)   Tatbestand/Voraussetzungen (§ 164 Abs. 1 Hs. 1 BGB)

    (a) Abgabe einer eigenen Willenserklärung und kumulativ

    (b) in fremdem Namen und kumulativ

    (c) mit Vertretungsmacht, in Form von alternativ entweder Vollmacht oder gesetzlicher Vertretungsmacht oder Rechtsscheinsvollmacht

(2)   Rechtsfolge (§ 164 Abs. 1 Hs. 2 BGB): Willenserklärung wirkt unmittelbar für und gegen den Vertretenen

1. Prüfungsreihenfolge

Sie müssen sich entscheiden, in welcher Reihenfolge Sie die **Tatbestandsmerkmale** prüfen. Maßgeblich ist, ob Vorrangigkeit oder Gleichrangigkeit der Tatbestandsmerkmale besteht.

a) Vorrangigkeit

Logisch vorrangige Merkmale gehören an den **Anfang.**

Beispiel: Nur Sachen können fremd sein, daher ist im Rahmen von § 242 StGB das Merkmal „Sache" vorrangig vor dem Merkmal „fremd".

Beispiel: In allen Rechtsgebieten kann die „Kausalität" nur geprüft werden, nachdem die (vermeintlich ursächliche) „Handlung" und der (vermeintlich verursachte) „Erfolg" benannt wurden.

Ausnahmsweise kann man vom logischen Rangverhältnis abweichen, wenn im vorrangigen Merkmal das Problem liegt, das nachrangige Merkmal gänzlich unproblematisch ist und man dadurch das Problem des Falles deutlicher herausstellen kann. Der an sich bestehende logische Vorrang sollte aber auch in diesem Fall deutlich gemacht werden.

Beispiel: Ist alleine die Anwendbarkeit des § 812 problematisch, dann kann man schreiben: „A könnte gegen B einen Anspruch aus § 812 Abs. 1 S. 1 Var. 1 BGB haben. Zwar hat A an B das Eigentum an dem Pkw trotz nichtigen Kaufvertrags geleistet. Zweifelhaft ist aber, ob § 812 BGB überhaupt anwendbar ist …"

b) Gleichrangigkeit

Besteht **kein logisches Rangverhältnis**, so sind die Merkmale gleichrangig.

Beispiel: „Eigentum" und „Besitz" in § 985 BGB

Beispiel: „grob verkehrswidrig" und „rücksichtslos" in § 315 c Abs. 1 Nr. 2 StGB – „verkehrswidrig" ist hingegen denklogisch vorrangig vor „grob"

Gleichrangige Merkmale sind in einer **zweckmäßigen Reihenfolge** zu erörtern. Oft gibt es hier mehrere sinnvolle Reihenfolgen. Je nach Norm sollten Sie z.B.

- die **vom Gesetz gewählte** Reihenfolge einhalten,

  Beispiel: § 125 S. 1 BGB – Rechtsgeschäft; Formmangel

- **objektive Merkmale vor subjektiven Merkmalen** prüfen oder

  Beispiel: im Strafrecht objektiver Tatbestand vor subjektivem Tatbestand (außer bei Versuch)

- **zeitliche Reihenfolgen** beachten

  Beispiel: § 263 StGB – Täuschungshandlung, dadurch kausaler Irrtum, dadurch kausale Vermögensverfügung, dadurch kausaler Vermögensschaden

2. Rechtsgrund- und Rechtsfolgenverweisung

Verweist eine Norm auf eine andere Norm, so ist zu unterscheiden:

- Bei einer **Rechtsgrundverweisung** (plakativer: **Tatbestandsverweisung**) sind sowohl die Voraussetzungen der verweisenden Norm als auch der Norm, auf die verwiesen wird, zu prüfen. Sie liegt tendenziell vor, wenn die **verweisende Norm keinen (vollständigen) Tatbestand enthält** und es daher der Ergänzung weiterer Tatbestandsmerkmale bedarf.

  Beispiel: § 480 BGB enthält nur das Tatbestandsmerkmal „Tauschvertrag" und verweist auf die kompletten Tatbestände des Kaufrechts (die allerdings nicht „eins zu eins", sondern nur entsprechend, also auf die Situation des Tausches angepasst anzuwenden sind).

- Eine **Rechtsfolgenverweisung** ist tendenziell anzunehmen, wenn **die verweisende Vorschrift selbst vollständig regelt**, wann die Rechtsfolge eintritt. Es ist dann gerade nicht gewollt, dass auch der Tatbestand der in Bezug genommenen Norm geprüft wird. Vielmehr soll nur deren Rechtsfolge greifen.

Beispiel: § 823 Abs. 2 BGB verweist auf die Rechtsfolge des § 823 Abs. 1 BGB. Wer ein Schutzgesetz schuldhaft verletzt, soll haften, ohne dass zusätzlich gesondert zu prüfen ist, ob diese Verletzung „widerrechtlich" i.S.d. § 823 Abs. 1 BGB ist. Ist die Verletzung des Schutzgesetzes nicht ausnahmsweise durch Sondernormen aus dem Bereich des Schutzgesetzes gerechtfertigt (z.B. § 32 StGB bei Straftatbeständen), dann ist sie ohne weitere gesonderte Prüfung widerrechtlich.

Mit dieser Abgrenzung kommen Sie in der Regel auch bei unbekannten Normen zu vertretbaren Ergebnissen. Gleichwohl schadet es nicht, wenn Sie für einige **prüfungstypische Verweisungen** wissen, welche Verweisungsart vorliegt. Gelegentlich nimmt die h.M. auch nur einen Verweis auf bestimmte Tatbestände an, z.B. bei § 951 Abs. 1 S. 1 BGB und § 994 Abs. 2 BGB.

3. Prüfungs- und Aufbauschemata

Für viele gängige Normen und Normbereiche haben sich **allgemein übliche Prüfungsabläufe** eingebürgert. Diese werden im Studium gerne als sog. Schemata auswendig gelernt.

Auch viele Produkte von **Alpmann Schmidt** enthalten Prüfungsschemata. Die Reihe A-Aufbauschemata besteht sogar ausschließlich aus solchen.

Sie sollten die gängigen Schemata zwar **im Wesentlichen kennen**, bei Ihrem **Anwenden aber vorsichtig** sein.

- Schemata haben (natürlich!) **keine Gesetzeskraft**. Daher ist immer das vorrangig, was im (vielleicht kurz vor Ihrer Klausur geänderten) Gesetz steht.

- Auch das beste Schema ist **nie vollständig**.

  Beispiel: Kein Schema kann sämtliche denkbare (und noch nicht denkbare) Extremfälle auflisten, in denen das Ergebnis nach Treu und Glauben (§ 242 BGB) zu korrigieren ist. Gute Schemata enthalten aber immerhin die üblichen Extremfälle, die sich im Laufe der Zeit herausgebildet haben.

- Gerade gute Schemata enthalten **viel mehr Probleme** als die von Ihnen konkret zu lösende Klausur. Es kann daher bei der Schwerpunktsetzung, die für eine gute Note erforderlich ist, sogar hinderlich sein.

  Beispiel: Ein gutes Schema zum Mord (§ 211 StGB) enthält u.a. Definitionen, Fallgruppen, Abgrenzungs- und Konkurrenzfragen zu sämtlichen Mordmerkmalen. In der Klausur dürfen sie aber nur die in Betracht kommenden Merkmale prüfen. Bereits das Ansprechen (und erst recht das ausführliche Definieren und Prüfen) abwegiger Mordmerkmale führt zum Punktabzug.

■ Ein Schema kann zudem zwar für 99 Fälle gelten, aber im 100. Fall **in die Irre führen oder sogar falsch** sein. Sie müssen daher bei jeder Falllösung kritisch hinterfragen, ob Sie das Schema modifizieren oder zumindest zwecks besserer Verständlichkeit seine Reihenfolge ändern müssen.

Beispiel: Eine Übereignung einer beweglichen Sache erfordert in aller Regel eine Übergabe (vgl. § 929 S. 1 BGB) oder ein Übergabesurrogat (vgl. §§ 929 S. 2, 930, 931 BGB). Schematisch betrachtet bricht man daher die Prüfung ab, wenn weder Übergabe noch Übergabesurrogat vorliegen. Jedoch überwindet § 934 Var. 2 BGB nach h.M. (neben der fehlenden Berechtigung auch) das fehlende Übergabesurrogat nach § 931 BGB (Anspruchsabtretung). Wer also die Prüfung der Übereignung bei § 931 BGB abbricht, muss trotzdem weiterprüfen, wenn ein Fall des § 934 Var. 2 BGB (Veräußerer ist nicht mittelbarer Besitzer der Sache) vorliegt.

■ Ferner dürfen Sie in der Klausur **nur Ihre Gesetzessammlungen benutzen**. Sie müssen also lernen und üben, eine Prüfungsreihenfolge aus dem Gesetz herzuleiten, insbesondere für unbekannte Normen in Entdeckerklausuren. Daher ist es auch **überflüssige Arbeit**, ein Schema **auswendig zu lernen**, wenn es sich **ohnehin aus dem Gesetz ergibt**.

Beispiel: Jedem Schema können Sie entnehmen, dass der mittelbare Besitz i.S.d. § 868 BGB den „Fremdbesitzerwillen" erfordert. Das ergibt sich aber auch aus dem Wortlaut des § 868 BGB, nämlich aus dem Wort „als".

■ Andererseits müssen Sie in Ihrer Klausur begründen, warum Sie **Prüfungsschritte** vornehmen, **die nicht im Gesetz stehen** – und dabei ist „das steht doch so im Schema" kein Argument, sondern es sind wie immer **Sachargumente** gefragt!

Beispiel: Jedem guten Schema können Sie entnehmen, dass der auf eine Sache gerichtete Betrug erfordert, dass das Opfer „Verfügungsbewusstsein" hat, obwohl das nicht in § 263 StGB steht. Systematisches Sachargument hierfür ist, dass der Sachbetrug vom Trickdiebstahl (§ 242 StGB) abzugrenzen ist. Für letztgenannten ist nämlich erforderlich, dass das Opfer die Sachherrschaft ohne entsprechendes Bewusstsein und Willen verliert.

Begreifen und nutzen Sie Schemata also als das, was Sie sind: **Hilfreiche Aufbaugerüste, nicht mehr und nicht weniger.** Sie werden wie von selbst viele Schemata verinnerlichen, wenn Sie beim Wissenserwerb die **Priorität auf das Verständnis** und nicht auf das Auswendiglernen legen. Fragen Sie sich bei jedem Tatbestandsmerkmal, warum dieses erforderlich ist, dann fällt Ihnen in der Klausur auch leicht ein, dass es erforderlich ist. Ihren Lernfokus sollten Sie allenfalls kurz vor der Klausur auf die Schemata legen.

II. Techniken und Mittel der Rechtsanwendung

Die folgenden Techniken und Mittel sind das **absolut essentielle Handwerkszeug** des Juristen. Sie benötigen sie in **jeder Klausur**. Sie müssen diese Mittel daher **ab dem ersten Tag des Studiums trainieren** und möglichst bald **im Schlaf beherrschen**.

Inhaltliche Wissenslücken zu einem Rechtsgebiet schaden nur, wenn es gerade auf dieses Wissen ankommt, aber **methodische Schwächen rächen sich stets**!

1. Subsumtion

Eine Rechtsfolge wir durch die **Übereinstimmung eines abstrakten Normtatbestands mit konkreten Tatsachen** ausgelöst. Sie müssen Sachverhalt und Rechtsnorm miteinander **vergleichen** und feststellen, inwieweit sie **übereinstimmen.**

Dieses Vergleichen wird als **Subsumtion** (auch: Subsumption; lat.: sub = unter und sumere = nehmen) **des Sacherhalts unter das Gesetz** bezeichnet.

Eine Rechtsnorm enthält in der Regel mehrere Tatbestandsmerkmale und damit mehrere Rechtsbegriffe. Die Subsumtion muss daher **nacheinander bezüglich jedes einzelnen Tatbestandsmerkmals** geschehen. **Sie subsumieren** also nicht „den kompletten Sachverhalt" unter „das Gesetz", sondern **unter das konkrete Merkmal den jeweils relevanten Sachverhaltsteil.**

a) Subsumtionstechnik

Die Subsumtion beruht auf dem **Syllogismus**, einer Denkfigur aus der Logik. Mit dem logischen Syllogismus werden **zwei Aussagen** („Ist-Sätze") **zu einer dritten Aussage verknüpft.**

- ■ Erste Aussage **(Obersatz):**   Alle Menschen sind sterblich.

- ■ Zweite Aussage **(Untersatz):**   Sokrates ist ein Mensch.

- ■ Verknüpfung **(Schlusssatz):**   Also ist Sokrates sterblich.

Bei dem **juristischen Syllogismus** wird vor die eigentliche Anwendung der syllogistischen Denkweise eine **These** (Idee) gestellt. Diese steht üblicherweise im Konjunktiv („Könnte-Satz"). Im obigen klassischen Beispiel lautet die voranzustellende These: „Sokrates könnte sterblich sein."

Daraus ergeben sich **vier Schritte:**

- **These:** „Könnte-Satz", Benennung des zu prüfenden Merkmals

  Beispiel: Das Methodikskript könnte eine Sache sein.

- **Obersatz:** allgemeine Definition

  Beispiel: Eine Sache ist gemäß § 90 BGB ein körperlicher Gegenstand, also ein räumlich begrenzter und anfassbarer Gegenstand.

- **Untersatz:** Benennung des konkreten Sachverhalts und Unterordnung (Subsumtion) desselben unter die Definition

  Beispiel: Das Methodikskript ist räumlich durch die Ränder seines Papiers begrenzt und man kann es anfassen.

- **Schlussfolgerung:** Ergebnis

  Beispiel: Somit ist das Methodikskript eine Sache.

Den **zweiten und den dritten Schritt** müssen Sie gedanklich sehr deutlich **auseinanderhalten**, denn sie sind **grundverschieden:**

- Die **Definition** ist **abstrakt**. Sie gilt für jeden denkbaren Fall, daher müssen Sie sie als **Textbaustein in jede andere Falllösung** hineinkopieren können. Daher darf in der Definition der konkret zu beurteilende Sachverhalt nicht auftauchen.

- Die **Subsumtion** enthält hingegen den **konkreten Sachverhalt**, sie **passt zu keinem anderen Fall**. Daher sind unkonkrete „Subsumtionen" wie etwa „Das ist hier der Fall." grob falsch.

Ziel der Subsumtion ist es, den Sachverhalt und das Gesetz derart geschickt zu verknüpfen, dass der Ergebnissatz nur noch der Form halber das feststellt, was ohnehin dank der Subsumtion **offensichtlich (evident)** ist.

In krassen Grenzfällen ist der **Aufwand hierfür regelmäßig sehr groß**. In eindeutige(re)n Fällen kann die Evidenz hingegen leichter festgestellt werden oder sie besteht sogar von Anfang an. Dann ist es unnötig (und mangels Problemhervorhebung durch Schwerpunktsetzung: falsch – dazu noch näher unten), ausführlich in vier Schritten zu prüfen. **In eindeutige(re)n Fällen** dürfen und müssen Sie daher **Ihre Ausführungen** kürzer halten.

Das vorgenannte **Beispiel** ist zur Verdeutlichung sehr ausführlich formuliert. Angepasst an die relativ hohe Evidenz der Antwort auf die Frage, ob das Methodikskript eine Sache ist, lautet eine angemessene Formulierung daher: „Das Methodikskript ist als körperlicher Gegenstand eine Sache i.S.d. § 90 BGB."

Es gilt: **Je grenzwertiger die Subsumtion, desto ausführlicher und schulmäßiger muss sie ausfallen.**

b) Definitionen

Sie können die Evidenz mittels Subsumtion des konkreten Sachverhalts nur überzeugend herstellen, wenn Sie zuvor eine **abstrakte Definition** des Merkmals nennen. Ein **häufiger Klausurfehler** ist das Fehlen der Definition! Jede Definition dient der **Abgrenzung** und der **Auslegung** (s. dazu unten 2.) des Gesetzes. Die Definition muss den Rechtsbegriff soweit **entfalten** und **konkretisieren**, bis die Übereinstimmung bzw. Nichtübereinstimmung evident wird.

aa) Definitionsarten und -strukturen

Nominaldefinitionen umschreiben ein Tatbestandsmerkmal isoliert, ohne auf andere bekannte Begriffe zurückzugreifen.

Beispiel: Gesundheitsschädigung i.S.d. § 223 StGB ist das Hervorrufen oder Steigern eines pathologischen Zustands.

Realdefinitionen betten demgegenüber einen Begriff in ein schon bekanntes Begriffsumfeld ein. Sie umschreiben ein Tatbestandsmerkmal zumeist durch Aufzeigen der höheren Gattung und Hinzufügen des Artunterschiedes.

Beispiel: Der zivilrechtliche Begriff des „Schadens" (z.B. in § 249 ff., 280 ff., 823 ff. BGB Normzitat) ist ein Unterfall des „Vermögensopfers". Nur bestimmte Vermögensopfer sind Schäden, nämlich unfreiwillige. Schaden ist daher jedes unfreiwillige Vermögensopfer.

Wird ein Unterbegriff durch Ausschnitt aus einer höheren Gattung (Oberbegriff) definiert, entsteht zugleich ein anderer Unterbegriff, der **Gegenbegriff** zu dem definierten Begriff.

Beispiel: Vermögensopfer, die freiwillig geschehen, werden als Aufwendungen (vgl. z.B. § 670 BGB) bezeichnet. Aufwendung ist also jedes freiwillige Vermögensopfer.

Es kann dabei eine mehrfach gestufte **Verschachtelung** der Definitionen entstehen.

Beispiel: Aufwendungen, die im Hinblick auf eine Sache geschehen und dieser zugutekommen, werden als Verwendungen (vgl. §§ 994, 996 BGB) bezeichnet. Verwendung sind also bestimmte Aufwendungen, welche wiederum bestimmte Vermögensopfer sind. Anders herum formuliert sind Verwendungen freiwillige Vermögensopfer im Hinblick auf eine Sache.

bb) Quelle der Definition

Für die Definition gibt es **drei** mögliche **Quellen**:

- ■ Schauen Sie zuerst, ob das Gesetz eine **Legaldefinition** enthält, denn diese müssen Sie nur **abschreiben** und nicht auswendig

wissen. Sie sind entweder als ganzer Satz formuliert („XYZ ist …")
oder das definierte Merkmal steht im Gesetzestext in Klammern.
Gerade **im Öffentlichen Recht** stehen Definitionen **oft gesammelt am Anfang** eines Spezialgesetzes.

Beispiele: § 121 Abs. 1 BGB (unverzüglich); § 276 Abs. 1 u. 2 BGB (Vertretenmüssen und Fahrlässigkeit); § 32 Abs. 2 StGB (Notwehr); § 35 VwVfG (Verwaltungsakt und Allgemeinverfügung); § 3 BImSchG (zahlreiche Begriffe)

■ Gibt es keine Legaldefinition, so ist es gewiss hilfreich und zeit-
sparend, wenn Sie die Definition **auswendig kennen**.

■ Absolute **Klassiker** sollten Sie mehr oder weniger **Wort für
Wort** beherrschen.

Beispiel: Wegnahme i.S.d. § 242 StGB ist der Bruch fremden und die Begründung neuen, nicht notwendigerweise tätereigenen Gewahrsams.

■ Bei **sonstigen Begriffen** genügt es, wenn Sie sich in **Stich-
punkten** die wichtigsten Inhalte merken und aus diesen dann
spontan einen vollständigen Satz bilden.

Beispiel: Höhere Gewalt i.S.d. § 7 StVG ist ein Ereignis, dass nicht innerhalb des Verkehrsgeschehens seinen Ursprung hat, sondern von außen
in dieses eingreift, und welches selbst von einem idealtypischen Verkehrsteilnehmer weder vorhergesehen noch abgewendet werden kann.
– Merken Sie sich „von außen", „unvorhersehbar" und „unabwendbar".

Passen Sie bei **auswendig gelernten Definitionen** auf, die **sehr
konkret** formuliert sind und dadurch bereits die **Grenze zur
Subsumtion überschreiten**. Der konkrete Begriff ist oft das
Destillat eines in der Vergangenheit geführten Meinungsstreits.
Die volle Punktzahl erhalten Sie dann nicht für das bloße Nen-
nen der Definition und den Abgleich mit dem Sachverhalt. Sie
sollten mit einem **Sachargument** Ihre Definition begründen.
Das gilt vor allem bei **Zahlenangaben**.

Beispiel: Nach der Rechtsprechung ist i.S.d. § 950 Abs. 1 S. 1 BGB der Verar-
beitungswert „erheblich geringer" als der Stoffwert, wenn er 60 % oder weniger ausmacht. In der Klausur ist entscheidend, dass Sie den Sinn dahinter
darstellen. Nur derjenige soll Eigentümer der neuen Sache werden, der einen relevanten Eigenanteil an dem in ihr verkörperten Wert hat. Ob Sie
dann bei einem Sachverhalt mit einem Verhältnis von 59 % oder 61 % das
Merkmal als gegeben annehmen, ist sekundär.

Beispiel: Nach der Rechtsprechung besteht eine „Bande" i.S.d. § 244 Abs. 1
Nr. 2 StGB aus mindestens drei Mitgliedern. Jeder Grundschüler, dem Sie
diese Information geben, kann Ihnen sagen, dass dann ein Einbrecherduo
keine Bande ist. Prüflinge mit dem Anspruch, in den juristischen Prädikats-
bereich zu gelangen, sollten daher auch den Grund für diese Grenzziehung
darlegen. Während zwei Personen sich noch gut gegenseitig bremsen können, entsteht ab drei Personen eine regelmäßig zu Straftaten mit stärkerem
Unrechtsgehalt führende Bandendynamik.

■ Im Übrigen, insbesondere in exotischen Fällen („Entdeckerklausuren" aufgrund einer Vademecum-Klausel) oder wenn Sie gedanklich auf dem Schlauch stehen, müssen Sie sich die Definition mithilfe der **Auslegungsmethoden** (näher dazu sogleich unter 2.) und ihres Menschenverstands **selbst herleiten** bzw. in der Eile der Klausur **schlicht ausdenken**. Nochmal: **Ohne Definition können Sie nicht subsumieren!** Daher ist jede (halbwegs überzeugende) Definition **besser als keine Definition**.

In diese Situation geraten Sie **beispielsweise** in öffentlich-rechtlichen Klausuren, in welchen (für die Klausur ausgedachte, fiktive) Normen abgedruckt sind. Wenn etwa laut der Taubenfütterverordnung der Gemeinde G das Füttern von „Tauben und sonstigen fliegenden Tieren" verboten ist und Rentnerin R Schmetterlinge füttert, dann müssen Sie „fliegendes Tier" definieren, bevor sie Schmetterlinge hierunter subsumieren.

Zur Übung lesen Sie zunächst nur den ersten folgenden Satz: Seien Sie kreativ und leiten Sie sich die Definition von „selbstständig" her!

Fertig?

Dann schauen Sie, ob Ihr Ergebnis in etwa der Legaldefinition des (vielen Studenten unbekannten) § 84 Abs. 1 S. 2 HGB entspricht (und schauen Sie in Abgrenzung dazu in den recht redseligen § 611a Abs. 1 BGB). In der Klausursituation müssten Sie bei dem Begriff also nicht kreativ werden, wenn Sie die Legaldefinition kennen.

cc) Umgangssprachenahe Rechtsbegriffe

Fallen lauern bei **Rechtsbegriffen** im Normwortlaut und in der Definition, wenn es sie auch in der **Umgangssprache** gibt. Oft **unterscheiden sich die Bedeutungsgehalte**.

Beispiel: Umgangssprachlich wird der rechtliche Eigentümer oft als „Besitzer" bezeichnet.

Beispiel: Der Laie meint oft, „keinen Kaufvertrag" oder „keinen Mietvertrag" zu haben, wenn keine schriftliche Vereinbarung besteht. Verträge im Rechtssinne können aber grundsätzlich auch mündlich geschlossen werden (Umkehrschluss aus § 125 BGB; Vertragsfreiheit nach § 311 Abs. 1 BGB und Art. 2 Abs. 1 i.V.m. Art 1 Abs. 1 GG).

Beispiel: Was der Laie als „Wegnahme" oder „Weggabe" einordnet, muss juristische nicht der Abgrenzung zwischen § 242 und § 263 StGB entsprechen (zumal diese umstritten ist).

Sie müssen daher gerade diese umgangssprachenahen rechtlichen Begriffe als **Fremdwörter** begreifen. Machen Sie sich beim Erlernen und Verinnerlichen **frei von der umgangssprachlichen Prägung der Wörter**.

c) Übungsfall zur Grundtechnik der Subsumtion

Zur Verdeutlichung der Subsumtionstechnik unter Verwendung von Definitionen folgt ein fiktiver Übungsfall. Sämtliche Begriffe sind so gewählt, dass Sie gar nicht erst in Versuchung kommen, auf umgangssprachliche Bedeutungen zurückzugreifen. Sie müssen sich vollständig auf Ihre **methodischen Fähigkeiten** verlassen.

Sie erhalten den folgenden **Sachverhalt nebst Fallfrage:**

F ist eine Trönse und die Arone des Schulaps. F ist ferner wohr. Der Schulap ist ein Lölö und zudem schnuppsig. Kann F den Schulap tralken?

Durch Suchen bzw. Wissen finden Sie folgendes **Gesetz:**

§ 1: Die kamäsine Arone eines xynophen Lölös kann ihr Lölö tralken.

Sie haben folgende **Definitionen** gefunden/gelernt/entwickelt:

Wohre Trönsen sind kamäsin.

Ein schnuppsiges Lölö ist xynoph.

Versuchen Sie, **durch Subsumtion und Definition** eine **logisch korrekte Rechtsanwendung durchzuführen!** Nehmen Sie sich ruhig fünf Minuten Zeit.

Fertig?

Die rechtlichen Überlegungen müssen eine Subsumtion des Sachverhalts unter § 1 enthalten. Tatbestandsmerkmale der Norm sind „kamäsine Arone eines xynophen Lölös". Rechtsfolge ist die Fähigkeit, den „Lölö zu tralken". Die Definitionen knüpfen an die beiden Adjektive des Tatbestands an. In den folgenden Ausführungen sind zur Verdeutlichung die Definitionen unterstrichen und der **wiedergegebene Sachverhalt ist gefettet:**

F könnte gemäß § 1 den Schulap tralken.

*I. **F ist**, wie von der Norm gefordert, **eine Arone**.*

*II. F müsste als Arone auch kamäsin sein. Wohre Trönsen sind kamäsin. **F ist eine Trönse und sie ist wohr.** Somit ist F kamäsin.*

*III. Ferner müsste F die kämäsine Arone eines Lölös sein. **F ist unmittelbar nur die kamäsine Arone des Schulaps. Der Schulap ist aller-***

dings seinerseits ein Lölö. Folglich ist F die kamäsine Arone eines Lölös.

IV. Schließlich müsste der Lölö xynoph sein. <u>Ein Lölö ist dann xynoph, wenn er schnuppsig ist.</u> **Der Lölö ist schnuppsig** und mithin xynoph.

Als Zwischenergebnis steht damit fest, dass F die kamäsine Arone eines xynophen Lölös ist. Daher kann F gemäß § 1 ihr Lölö tralken.

Der Schulap der F ist ein Lölö. Im Ergebnis kann F also den Schulap tralken.

2. Auslegung

Ist ein Merkmal des Tatbestands oder der Rechtsfolge einer Rechtsnorm **unklar oder mehrdeutig**, so muss es ausgelegt werden.

Beispiel: Ein „Schloss" kann die Residenz eines Königs oder Teil einer Tür sein.

Beispiel: Das Tatbestandsmerkmal „Werktag" kann den Samstag erfassen (z.B. bei § 573 c BGB), oder auch nicht (z.B. bei § 556 b Abs. 1 BGB).

Die Auslegung nehmen Sie in der Regel im Rahmen der **Definition** des Merkmals vor. Es gilt: **Je geschickter Sie mit Hilfe der Auslegung definieren, umso leichter können sie subsumieren.**

Das Folgende ist mit wenig Aufwand zu lernen und zu verstehen und trotzdem das **absolut Wichtigste, was Sie für eine gelungene Klausur benötigen!** Mit der folgenden Technik können und müssen Sie **jeden (!) erdenklichen Fall lösen.** Insbesondere bei unbekannten Normen in Entdeckerklausuren kommt es entscheidend darauf an, dass Sie zeigen, dass Sie die Auslegung beherrschen. Aber auch bei Normbereichen, die zum Standardrepertoire gehören, zeichnet sich eine gute Klausurbearbeitung dadurch aus, dass **Meinungsstreitigkeiten und Definitionen nicht wie ein auswendig gelerntes Gedicht abgespult, sondern anhand der Auslegungsmethoden auf den Einzelfall angepasst** werden.

Grundlage der Auslegung von Rechtsnormen ist die **klassische Methodenlehre**, die auf Friedrich Carl **von Savigny (1779–1861)** zurückgeht. Nach der klassischen Methodenlehre erfolgt die Auslegung anhand folgender **vier Auslegungsmethoden:**

- **Wortlaut** (grammatikalische Auslegung)

- **Regelungszusammenhang** (systematische Auslegung)

- **Entstehungsgeschichte** (historische Auslegung)

- **Sinn und Zweck** (teleologische Auslegung)

Zudem müssen Normen möglichst so ausgelegt werden, dass sie mit **höherrangigem Recht** übereinstimmen.

Auch **Willenserklärungen** und die sich aus ihnen ergebenden **Verträge** müssen ausgelegt werden. Maßgeblich hierfür sind die **§§ 133, 157, 242 BGB**: Der wirkliche Wille des Erklärenden ist zu ermitteln, bei empfangsbedürftigen Willenserklärungen allerdings aus Sicht eines objektiven Empfängers. Die **folgenden Ausführungen** beziehen sich auf die **Auslegung von Gesetzen**. Die Auslegung von Willenserklärungen und Verträgen wird näher dargestellt in AS-Basiswissen BGB AT (2020), S. 26 und in AS-Skript BGB AT 1 (2020), Rn. 238 ff.

Nicht selten kommen die Auslegungsmethoden zu **verschiedenen Ergebnissen**. Dann ist in einem nächsten Schritt zu entscheiden und zu begründen, **welcher Auslegungsmethode der Vorrang eingeräumt** wird. An dieser Stelle lassen sich viele Punkte sammeln. Der **Übergang von einer zwar anspruchsvollen, aber unstreitigen Gesetzesauslegung zu einem „echten" Meinungsstreit** (dazu näher unter 6.) **ist dabei fließend**.

a) Wortlaut

Jede **Auslegung beginnt beim Wortlaut** des Wortes bzw. der Wörter und der ihnen innewohnenden **Bedeutung**.

Beispiel: Zu den „fliegenden Tieren" gehören auch Schmetterlinge. Insofern bezieht sich die Taubenfütterverordnung aus dem obigen Beispiel (S. 52) also auch auf Schmetterlinge.

Überschriften von Normen und Normabschnitten **in den Gesetzessammlungen** zählen nur zum für die Auslegung maßgeblichen Wortlaut des Gesetzes, wenn sie **amtlich** sind. Vom Verlag hinzugefügte (nur für die Orientierung relevante) Überschriften sind in der Regel in eckige Klammern gedruckt (vgl. im Schönfelder einerseits das BGB, andererseits das HGB).

Absolute Grundvoraussetzung für die Wortauslegung ist, dass Sie **das Gesetz präzise lesen**. Der Grad der Selbstverständlichkeit dieses Hinweises ist ebenso hoch wie die Häufigkeit seiner Nichtbeachtung.

Klassischer Fehler ist **beispielsweise** die Annahme, die Ewigkeitsgarantie des Art. 79 Abs. 3 GG gelte für Art. 1 bis 20 GG, obwohl es in der Norm „1 und 20" heißt.

Ein Begriff kann durch Aufzeigen der **höheren Gattung** und Hinzufügen des **artbildenden Unterschiedes** analysiert werden.

Beispiele finden Sie oben bei der Darstellung der Realdefinition (S. 50).

Zusammengesetzte Wörter können in ihre **Bestandteile** zerlegt werden.

Beispiel: „Heimtücke" =„Heim-Tücke", d.h. Heimlichkeit und Verschlagenheit;

Maßgeblich ist zunächst die Bedeutung in der deutschen Alltagssprache. Beachten Sie aber, dass die **juristische Bedeutung** eines Merkmals **von der Alltagssprache abweichen** kann.

Beispiele finden Sie oben bei den umgangssprachenahen Begriffen (S. 52).

Ebenso dürfen Sie bei **Fachbegriffen aus anderen Wissenschaften** als der Rechtswissenschaft **keine übertriebene fachliche Genauigkeit** walten lassen. Insbesondere, wenn der Zweck des Gesetzes in keiner Verbindung zum Herkunftsbereich des Begriffs steht, liegt es nahe, dass der mit dem Bereich nicht vertraute Gesetzgeber den Begriff **umgangssprachlich** verwendet.

Beispiel: Anders als in der Umgangssprache fallen Pilze nicht eindeutig unter den Begriff der „Pflanze". Bei einer Vorschrift, die etwa Gelder zur Forschungsförderung auf bestimmte Bereiche der Biologie verteilt, wird man unterstellen können, dass der Gesetzgeber sich diese fachsprachliche Differenzierung erarbeitet hat und ebenfalls benutzt. Hingegen war eine „Pflanze" i.S.d. Betäubungsmittelgesetzes in seiner bis 2009 geltenden Fassung nach Ansicht des BGH – trotz des Bestimmtheitsgebots des Art. 103 Abs. 2 GG – auch ein Pilz. (Seit 2009 sind übrigens in § 2 Abs. 1 Nr. 1 a) BtMG Pilze klarstellend neben den Pflanzen aufgezählt.)

Manche meinen, der Wortlaut sei **die äußerste Grenze der Auslegung**. Jede Auslegung, die über ihn hinausgehe, sei unzulässig. Wohl **vorherrschend** (insbesondere in der Praxis) ist aber anerkannt, dass eine Auslegung sich auch **über den Wortlaut hinwegsetzen** kann. Ob dies im Einzelfall geschieht, ist im Rahmen der gewichtenden Gegenüberstellung der verschiedenen Auslegungsmethoden zu klären. Ein gewichtiger Punkt dabei ist, **wie präzise und eindeutig der Wortlaut formuliert** ist.

Beispiel: Verlangt eine Norm als Farbgebung „einen Blauton", so sind neben einem Mittelblau auch ein Hellblau und ein Dunkelblau bereits nach dem Wortlaut erfasst. Lila, Violett und Türkis unterfallen hingegen nicht dem Wortlaut; gleichwohl wird man sie auf Basis der anderen Auslegungsmethoden im Einzelfall gleichwohl als erfasst ansehen können.

Gegenbeispiel: Verlangt eine Norm als Farbgebung „Himmelblau (RAL 5015)", so wird man nur sehr schwer vertreten können, dass nach Systematik, Historie oder Sinn und Zweck auch ein Verkehrsblau (RAL 5017) erfasst ist.

Auch über einen präzisen und eindeutigen Wortlaut kann man sich allerdings mittels einer **mit höherrangigem Recht konformen Auslegung** (s. dazu e]) oder mittels **Lückenausfüllung (Analogie) und teleologischer Reduktion** (dazu 3. und 4.) hinwegsetzen.

b) Systematik

Das gesamte System der Rechtsnormen muss möglichst in sich geschlossen und **widerspruchsfrei** sein.

Das Gebot der Widerspruchsfreiheit gilt zunächst für Begriffe **innerhalb derselben Norm**, welche dementsprechend identisch definiert und ausgelegt werden müssen.

Beispiel: „Verkäufer" und „Käufer" in § 433 Abs. 1 S. BGB, in § 433 Abs. 1 S. 2 BGB und in § 433 Abs. 2 BGB.

Dabei sind in einer Rechtsnorm häufig **Ober- und Unterbegriffe** zu finden. Oberbegriffe sind übergeordnete Begriffszusammenfassungen, die eine Vielzahl von Fällen beinhalten können. Unterbegriffe sind einzelne Fälle des Oberbegriffs. Der Gesetzgeber nutzt hier dieselbe Technik, die der Rechtsanwender bei der Bildung von Realdefinitionen (s. S. 50) verwendet.

Beispiel: § 833 S. 1 BGB „Tier" als Oberbegriff zu § 833 S. 2 BGB „Haustier" als Unterbegriff

Beispiel: § 244 Abs. 1 Nr. 1 a StGB „... eine Waffe oder ein anderes gefährliches Werkzeug bei sich führt" – „Waffe" ist Unterfall des Oberbegriffs „gefährliches Werkzeug", das ergibt sich aus der Formulierung „anderes".

Darüber hinaus gilt das Ziel der Widerspruchsfreiheit für sämtliche Vorschriften **im selben Gesetz**. Neben den amtlichen Überschriften jeder Norm ist dabei auch die amtliche Gliederung der Normen (Buch; Titel; Abschnitt) zu beachten.

Beispiel: § 133 BGB – Mit „wirklicher Wille" ist nicht der innere Wille des Erklärenden gemeint, sondern der vom Empfänger verstandene Wille. Es muss nämlich möglich sein, dass der innere Wille und das nach außen Erklärte auseinanderfallen, denn in diesen Fällen erlaubt § 119 Abs. 1 BGB die Anfechtung. Wäre stets der innere Wille für den Inhalt einer Willenserklärung maßgeblich, dann wäre § 119 Abs. 1 BGB überflüssig.

Beispiel: § 326 BGB gilt nur für gegenseitige Verträge. Das steht zwar nicht in seinem Wortlaut oder in seiner amtlichen Überschrift, aber in der amtlichen Bezeichnung des „Titel 2", in welchen die §§ 320 bis 326 BGB eingeordnet sind.

Eine systematische Auslegung ist insbesondere auch möglich, wenn der auszulegende Begriff in einer ganz **anderen gesetzlichen Vorschrift** gebraucht wird und sein Inhalt dort definiert wird.

Beispiel: § 149 BGB oder auch § 37 Abs. 2 S. 1 VwVfG verlangen „unverzüglich", was in § 121 Abs. 1 BGB als „ohne schuldhaftes Zögern" definiert wird.

■ Schlüsse aus anderen Vorschriften sind aber nur zulässig, wenn anzunehmen ist, dass der Begriff **an den verschiedenen Stellen dieselbe Bedeutung** hat. Das ist umso eher anzunehmen, je näher sich die beiden Stellen in der Gesamtsystematik liegen.

Beispiel: „Waffe oder ein anderes gefährliches Werkzeug" oder „Werkzeug oder Mittel" oder „Mitglied einer Bande" in § 244 StGB und in § 250 StGB

■ Ein Begriff kann nämlich auch **verschiedene Bedeutungen** haben, insbesondere wenn er in systematisch weit voneinander entfernten Gebieten verwendet wird.

Beispiel: Eigentum im zivilrechtlichen Sinne kann nur an Sachen bestehen, vgl. §§ 903, 90 BGB. Die Eigentumsgarantie des Art. 14 Abs. 1 Var. 1 GG erfasst zusätzlich u.a. auch die Inhaberschaft einer Forderung.

Schließlich sind Normen mit **Grundsätzen** eher weit auszulegen und strahlen auf anderen Normen aus. **Ausnahmevorschriften** sind hingegen eher eng auszulegen. Teilweise stellt das Gesetz klar, ob eine Norm den Grundsatz oder die Ausnahme regelt (typische Formulierung: „gilt nicht, wenn", vgl. § 280 Abs. 1 S. 2 BGB). Mitunter müssen Sie das aber auch selbst ermitteln und mit einem Sachargument untermauern.

Beispiel: Es gilt das allgemeine Prinzip, dass die Stellung des Schuldners sich aufgrund der Abtretung nicht verschlechtern darf (vgl. § 404 BGB), denn – jetzt kommt das Sachargument – er hat auf die Vereinbarung der Abtretung keinen Einfluss (vgl. § 398 S. 1 BGB). Dieser Grundsatz ist bei der Auslegung der §§ 404 ff. BGB zu berücksichtigen. § 405 BGB durchbricht ausnahmsweise diesen Grundsatz, er ist daher eng auszulegen.

c) Entstehungsgeschichte/Historie

Aus der Entstehungsgeschichte einer Vorschrift ergibt sich der **Wille des Gesetzgebers**. Dieser muss (nach vorherrschender Ansicht) auch beachtet werden, wenn es dem Gesetzgeber nicht gelungen ist, ihn eindeutig im Wortlaut der Norm zum Ausdruck zu bringen.

Der Rechtsanwender (also in der üblichen Klausur, in welcher Sie einen abgeschlossenen Sachverhalt beurteilen müssen: Sie) hat nicht die Aufgabe, selber Recht nach seinem eigenen Willen zu setzen. Er darf nur dem abstrakt formulierten Gesetz für jeden Einzelfall entnehmen, **wie der demokratisch legitimierte Gesetzgeber diesen Fall beurteilt hätte, wenn er ihm bekannt gewesen wäre**. Gemäß Art. 20 Abs. 2 S. 1 und Abs. 3 Var. 1 GG geht nämlich (auch) die rechtsetzende Gewalt vom Volke und nicht von einzelnen Juristen (also in der Klausur: nicht von Ihnen) aus.

Beispiel: Bei der Schaffung der §§ 145 ff., 125 ff. BGB Ende des 19. Jahrhunderts wollte der Gesetzgeber, dass grundsätzlich jede Willenserklärung verbindlich ist, gleich ob sie mündlich, per Brief, per Morsecode oder per berittenem Boten übermittelt wird. Daher sind auch Willenserklärungen per Telefax, E-Mail, SMS und Whatsapp verbindlich, obwohl diese Übertragungsformen erst wesentlich später erfunden wurden.

Quellen der historischen Auslegung sind die Dokumente des Gesetzgebungsverfahrens (insbesondere die Begründung des Gesetzesentwurfs) und die wirtschaftlichen und sozialen Verhältnisse im Zeitpunkt des Normerlasses.

Die historische Auslegung spielt in der Praxis eine wichtige Rolle. Auch in wissenschaftlichen Arbeiten, für die der Autor viel Zeit für Recherchen zur Verfügung hat (Hausarbeiten, Dissertationen) hat sie einen festen Platz. In einer zwei- oder fünfstündigen Klausur haben Sie diese Zeit jedoch nicht und niemand verlangt, dass Sie ganze Regalwände an Gesetzesdokumentationen auswendig kennen. Abgesehen von wenigen als bekannt vorausgesetzten Klassikern können Sie diese Auslegungsmethode **daher in der Klausursituation zugunsten der übrigen Methoden in den Hintergrund treten lassen**.

d) Sinn und Zweck / Telos

Die Auslegung einer Norm nach ihrem Sinn und Zweck (Telos/ratio legis) ist die **wichtigste Auslegungsmethode**. Sie sollten es sich daher zur Gewohnheit machen, bei jeder anzuwendenden Norm **nach ihrer Funktion** innerhalb der Rechtsordnung **zu fragen**. Dies ermöglicht Ihnen in der Klausur nicht nur, die Norm in Grenzfällen teleologisch auszulegen, sondern es **erleichtert Ihnen zudem bereits beim Erlernen das Verständnis der Norm**.

Beispiel: In § 1 der Taubenverordnung heißt es „Zweck dieser Verordnung ist der Schutz der Gebäude und Denkmäler vor Beschädigungen durch Tierausscheidungen." –
Nach Sinn und Zweck der Verordnung erfasst das Verbot dann solche Tiere nicht, die keine (nennenswerten) Ausscheidungen hinterlassen. Das Füttern einzelner Schmetterlinge ist daher nicht verboten.

aa) Ermittlung des abstrakten Normzwecks

Zunächst müssen Sie den **abstrakten Normzweck** bestimmen.

Beispiel: Straftatbestände schützen Rechtsgüter, die §§ 223 ff. StGB z.B. die körperliche Unversehrtheit.

Beispiel: Formvorschriften bezwecken den Schutz vor Übereilung (z.B. §§ 311 b, 766 BGB) oder die Beweisbarkeit einer Erklärung (z.B. § 568 Abs. 1 BGB).

Maßgeblich ist auch der Zweck, der einem **Gesetzesabschnitt** oder sogar einem gesamten **Gesetz** zugrunde liegt. Eine **systematisch-teleologische Auslegung** ist also zulässig.

Beispiel: Die §§ 404 ff. BGB schützen den Schuldner der Forderung.

Der Zweck wird mitunter zu Beginn des Gesetzes **ausdrücklich genannt**.

Beispiel: obige Taubenfütterverordnung

Beispiel: Das SchwarzArbG bezweckt gemäß § 1 Abs. 1 SchwarzArbG die Intensivierung der Bekämpfung der Schwarzarbeit.

Bei der Ermittlung eines nicht ausdrücklich genannten Normzwecks helfen folgende **Fragen**:

- Welcher Ausschnitt aus der sozialen Wirklichkeit liegt der Norm zugrunde? (Bestimmung des **Normbereichs**)

- Wie hat der Gesetzgeber die **Interessen** der Beteiligten **bewertet**? Insbesondere: Welchen Interessen hat der Gesetzgeber den **Vorrang** eingeräumt?

- **Warum** hat der Gesetzgeber diese Bewertung vorgenommen?

Die Fragen nach der Bewertung und den Motiven des Gesetzgebers führen zu **Überschneidungen mit der historischen Auslegung**. Der Unterschied liegt darin, dass man in der Klausursituation zwar keine Geschichtsbücher und Bundestagsdrucksachen auswendig kennen kann und muss, aber durch Nachdenken durchaus die Beweggründe des damaligen Gesetzgebers herleiten kann.

bb) Wahrung des Normzwecks im konkreten Fall

Sodann müssen Sie die Interessenlage bzw. den **Interessenkonflikt des konkret zu prüfenden Klausurfalles** ermitteln und mit dem Normzweck **vergleichen**.

Eindeutige Ergebnisse bei diesem Vergleich sind zu einfach, daher werden sie nicht den Schwerpunkt Ihrer Klausur ausmachen. In der Klausur sammeln Sie Punkte dadurch, dass Sie **grenzwertige Sachverhalte** bewerten und beurteilen, ob die **Abweichung** des Interessenkonflikts des Falls vom Normzweck so **unwesentlich** bzw. so **wesentlich** ist, dass die Norm den zu beurteilenden Fall **gerade noch bzw. nicht mehr erfasst**.

Siehe die **Beispiele** zu den Grenzfällen auf S. 43 f.

Besondere Relevanz kommt den **Folgen** zu, die die Bejahung bzw. Verneinung des Merkmals verursachen würde. Maßgeblich ist, ob diese Folgen nach dem abstrakten Zweck der Norm (nicht: nach Ihrer persönlichen Meinung) **erwünscht oder unerwünscht** sind.

Erwünschte Folgen liegen nahe, wenn eine bestimmte Auslegung

- sich sinnvoll in die **Systematik** des Gesetzes einpasst, eine eindeutige **Abgrenzung** verschiedener Tatbestände ermöglicht und so die **Rechtssicherheit** fördert,

- die **Anwendung** der Vorschrift **erleichtert**, indem sie Beweisschwierigkeiten vermeidet, den Prozess oder das Verwaltungsverfahren vereinfacht oder beschleunigt (**Praktikabilität, Prozessökonomie**),

- das **Insolvenzrisiko** angemessen zwischen den Beteiligten verteilt (**ökonomische Folgenbetrachtung**),

- den **Schutz sozial Schwächerer** gewährleistet (z.B. im Bereich des Verbraucherschutzes),

- die **optimale Ausnutzung** von Einrichtungen oder Kapazitäten ermöglicht oder

- **Grundrechte** verwirklicht bzw. einen umfassenden Schutz bestimmter **Rechtsgüter** ermöglicht.

Unerwünschte Folgen liegen nahe, wenn die Auslegung

- zu **zufälligen** oder sonst offenbar **untragbaren Ergebnissen** (argumentum ad absurdum) führt,

- **unerwünschte Nebenfolgen** hat, indem sie anderen Zwecken oder Rechtsprinzipien zuwiderläuft, oder **ungerecht** ist, weil sie den erstrebten Zweck **nur in einem Teil** der gleich liegenden Fälle verwirklichen kann,

- eine Norm **nie greifen** („leerlaufen") oder in wesentlichen Fällen **unanwendbar** werden lässt,

- umgekehrt eine Norm im Ergebnis **stets greifen** würde, obwohl sie so konstruiert ist, dass sie nur in manchen Fällen greifen soll, oder

- zu **Beweisschwierigkeiten** führen kann (namentlich bei subjektiven Merkmalen wie dem Vorsatz).

e) Vereinbarkeit mit höherrangigem Recht

Normen müssen mit höherrangigem Recht vereinbar sein, anderenfalls sind sie **unwirksam** (vgl. ausdrücklich Art. 31 GG). Vorrangig vor dem gesamten einfachen Landes- und Bundesrecht sind insbesondere die **Grundrechte** nebst **Grundgesetz** und das **Europarecht**.

Die **Kompetenz**, ein Gesetz für unvereinbar mit höherrangigem Recht zu erklären, steht allerdings nur den wenigsten Stellen zu. Hinsichtlich der Verfassungswidrigkeit eines **formellen**, von der Legislative geschaffenen **Bundesgesetzes** liegt sie etwa ausschließlich beim Bundesverfassungsgericht (vgl. Art. 93 GG). Alle anderen Gerichte dürfen diese Feststellung nicht treffen, sondern sie müssen ihr Verfahren aussetzen und das **Bundesgesetz dem Bundesverfassungsgericht vorlegen** (vgl. Art. 100 GG).

Rein **materielle Gesetze**, die von der Exekutive geschaffen werden **(Verordnungen)**, darf zwar **jedes Gericht** für unvereinbar mit höherrangigem einfachen Recht erklären, aber Behörden haben diese Verwerfungskompetenz nicht.

Nun soll aber nicht jeder „kleine Zweifel" an einer solchen Unvereinbarkeit die nicht zur Verwerfung befugten Gerichte bzw. Behörden blockieren. Zudem soll eine Norm nicht generell für unwirksam erklärt werden, wenn sie nur in einem konkreten Fall zu einem mit höherrangigem Recht unvereinbaren Ergebnis führt. Es gilt daher das **Primat der Auslegung**. Der Normanwender, der in einem konkreten Fall Zweifel an der Vereinbarkeit der Norm mit höherrangigem Recht hat, ist gehalten, zunächst zu versuchen, diese **Norm konform mit dem höherrangigem Recht auszulegen**, insbesondere **verfassungskonform und europarechtskonform**. Wenn dies gelingt, dann darf und muss er die Norm anwenden.

Beispiel: Die §§ 48, 49 ff. VwVfG regeln die Aufhebung von Verwaltungsakten. Sie sind mit dem Grundgesetz konform, verstoßen aber in bestimmten Fällen gegen die höherrangigen Art. 107 ff. AEUV. Die §§ 48, 49 ff. VwVfG sind deswegen aber nicht nichtig. Vielmehr werden sie (nur) in den Fällen der Art. 107 ff. AEUV europarechtskonform ausgelegt, sodass ihre Tatbestandsvoraussetzungen abgeschwächt oder gar ignoriert werden. Im Übrigen werden sie unverändert angewendet.

Beispiel: § 63 BVerfGG zählt nach seinem eindeutigen Wortlaut die tauglichen Antragsteller und -gegner in einem Organstreitverfahren abschließend auf („können nur sein"). Er ist damit aber enger gefasst als der höherrangige Art. 93 Abs. 1 Nr. 1 GG („oder anderer Beteiligter, die"). Deswegen ist die Aufzählung in § 63 BVerfGG entgegen ihres Wortlauts nicht abschließend.

(Insbesondere) mit dieser Auslegungsmethode dürfen und müssen Sie sich also sogar **über einen präzisen und eindeutigen Wortlaut** hinwegsetzen.

Für Ihre Klausur ist das ganz entscheidend:

- Nur selten erstellen Sie Ihr **Gutachten aus Sicht einer Institution, die eine Norm verwerfen darf**. Nur dann dürfen Sie die **Norm für nichtig erklären** – Standardkonstellation in der Klausur ist die Verfassungsbeschwerde gegen ein formelles Gesetz.

- In den meisten Fällen haben Sie hingegen **keine Verwerfungskompetenz**. Dann müssen Sie die Norm mit dem Hinweis, dass

Sie sie ohnehin nicht verwerfen dürften, **konform mit dem höherrangigen Recht auslegen**. Das ist auch **klausurtaktisch** am sinnvollsten, denn hierdurch können Sie **weiterprüfen**.

Wenn Ihnen diese Auslegung nicht gelingt, dann dürften Sie in einer Klausur aus Sicht eines nicht verwerfungsbefugten Gerichts nicht weiterprüfen, sondern Sie müssten das Verfahren nach Art. 100 GG bzw. Art. 267 AEUV aussetzen und dem BVerfG bzw. dem Gerichtshof **vorlegen**. Da Sie dadurch der Diskussion der inhaltlichen Rechtsfragen ausweichen würden, ist dies **vom Klausurersteller aber in aller Regel nicht gewollt**.

3. Lückenausfüllung

Ihnen werden immer wieder Fälle begegnen, die auch nach der (wegen des **Primats der Auslegung vorrangig** vorzunehmenden) extensivsten **Auslegung** des Gesetzes nicht unter dieses subsumiert werden können. Das Gesetz hat eine **Regelungslücke**. Ihr Gefühl wird Ihnen sagen, dass es für den Fall aber irgendeine Regelung bzw. Lösung geben muss, und Sie werden sich fragen, ob Sie die Lücke anstelle des Gesetzgebers ausfüllen dürfen.

Grundsätzlich müssen Sie dieser Versuchung aber widerstehen. Denn Ihre Aufgabe in der Klausur ist es, **das Recht** als Gericht oder Behörde **anzuwenden** bzw. aus Anwaltssicht vorherzusagen, wie Exekutive und Judikative das Recht anwenden werden. Die **Rechtsetzung** obliegt hingegen alleine der Legislative. Die Ausfüllung einer Regelungslücke ist daher ein **Eingriff in die Gewaltenteilung** als unverrückbares Prinzip unserer Rechtsordnung (Art. 20 Abs. 3 u. 79 Abs. 3 GG). Sie muss daher die **absolute Ausnahme** sein und bedarf einer sorgfältigen Begründung.

Es gibt eine Reihe von Lückenausfüllungen, die (unstreitig oder zu mindest von der h.M.) **anerkannt** sind. Diese sollten Sie **auswendig** kennen und in der Klausur auch bejahen. **Im Übrigen** sollten Sie im Einzelfall, wenn Ihr Rechtsgefühl Ihnen dies sagt, eine Lückenausfüllung zwar diskutieren, mit ihrer Bejahung aber wegen des absoluten Ausnahmecharakters **sehr zurückhaltend** sein.

Wie immer gilt, dass ein **Auswendigkennen Sie nicht von der Pflicht zur Prüfung und Begründung entbindet**. **Keinesfalls** dürfen Sie daher in der Klausur den Lückenschluss **voraussetzungslos** „einfach so" vornehmen, auch wenn Sie das immer wieder hören und lesen werden. Erfahrene Juristen behandeln nämlich oft Lückenschlüsse, die seit langem anerkannt sind, so, als wären sie Gesetz. In der Klausur müssen Sie aber auch bei anerkannten Lückenschlüssen zumindest kurz darlegen, dass die Voraussetzungen des Lückenschlusses vorliegen. Auch der **Lückenschluss hat einen Tatbestand**, den es zu prüfen und zu bejahen gilt, **bevor sich die Rechtsfolge entfaltet**.

Beispiel: Sie sollten **nicht** ausführen, dass die „Vormerkung analog § 401 BGB mit der Forderung übergeht."

Ausführlich-schulmäßig: „Der Wortlaut des § 401 BGB regelt den Übergang der Vormerkung nicht. Dieser ist auch nirgendwo anders geregelt, es liegt also eine Regelungslücke vor. Diese ist vom Gesetzgeber nicht gewollt und daher planwidrig. Ferner knüpft § 401 BGB den Übergang der akzessorischen Sicherheiten (Bürgschaft, Hypothek) an den Forderungsübergang. Auch die Vormerkung ist eine akzessorische Sicherheit, daher ist die Interessenlage in beiden Fällen vergleichbar. Die Vormerkung geht somit analog § 401 BGB mit der Forderung über."

Oder verkürzt, weil allgemein anerkannt: „Die Vormerkung ist ebenso wie die Bürgschaft und die Hypothek eine akzessorische Sicherheit, sodass trotz Regelungslücke aufgrund deren Planwidrigkeit und vergleichbarer Interessenlage die Vormerkung über den Wortlaut des § 401 BGB hinaus analog § 401 BGB mit der Forderung übergeht."

a) Analogie

Sie dürfen eine **Regelungslücke** ausnahmsweise schließen, indem sie die **Rechtsfolge einer Norm** greifen lassen, obwohl der zu beurteilende Sachverhalt den **Tatbestand der Norm** nicht erfüllt, soweit die Regelungslücke **planwidrig** und die Interessenlage in beiden Fällen **vergleichbar** ist. Die Rechtfertigung für diesen Eingriff in die Gewaltenteilung liegt darin begründet, dass Art. 3 Abs. 1 GG es gebietet, **wesentlich Gleiches rechtlich gleich zu behandeln**.

Im **Strafrecht** ist zu beachten, dass eine Strafbarkeit gesetzlich bestimmt sein muss, bevor die Tat begangen wird (**nulla poena sine lege**, vgl. Art. 103 Abs. 2 GG, § 1 StGB). **Täterbelastende** Analogien sind daher stets unzulässig, **täterbegünstigende** Analogien sind hingegen möglich.

Beispiel: Das Fahren mit Sommerreifen auf Schnee ist nach Maßgabe des § 2 Abs. 3 a S. 1 StVO unzulässig. Gleichwohl kann es keine Strafbarkeit nach § 315 c Abs. 1 Nr. 2 StGB begründen, da dieser Verkehrsverstoß dort nicht genannt und eine Analogie unzulässig ist.

Gegenbeispiel: Nach § 16 Abs. 1 S. 1 StGB wird nicht bestraft, wer einen Umstand nicht kennt, der zum Straftatbestand gehört. Nach h.M. wird analog § 16 Abs. 1 S. 1 StGB ferner derjenige nicht bestraft, der sich das Vorliegen von Umständen vorstellt, die zu einem Rechtfertigungsgrund gehören (sog. Erlaubnistatbestandsirrtum). Diese Analogie begünstigt den Täter, sie ist zulässig.

aa) Regelungslücke

Das Vorliegen einer Regelungslücke ergibt sich zwanglos, wenn Sie zuvor, wie vom **Primat der Auslegung** geboten, dargelegt haben, dass das **ausgelegte Gesetz den zu beurteilenden Fall nicht erfasst**. Würde das Gesetz den Fall bereits aufgrund der Auslegung erfassen, dann bestünde überhaupt kein Bedarf dafür, eine Analogie auch nur anzusprechen. Ein **häufiger Klausurfehler** ist gerade bei allgemein anerkannten Analogien, dass die Bearbeiter sofort die Analogie ansprechen, ohne die direkte Anwendung der Norm zu prüfen.

Nochmal: **Erst auslegen.** Stellt sich dabei eine **Regelungslücke** heraus, dann ebnet dies den Weg in die **Prüfung der Analogie**.

bb) Planwidrigkeit

Die Regelungslücke muss dem **Plan des Gesetzgebers zuwiderlaufen**.

■ Die Planwidrigkeit kann **anfänglich** sein, insbesondere wenn der Gesetzgeber es damals schlichtweg **vergessen** hat, den in Rede stehenden Fall zu regeln, weil er ihn nicht erkannt hatte.

■ Die Planwidrigkeit kann auch erst **nachträglich** entstehen, wenn die **tatsächlichen und gesellschaftlichen Verhältnisse sich wandeln**. Allerdings müssen Sie dann sorgfältig prüfen, ob das allgemein formulierte Gesetz den Fall bereits direkt erfasst.

Beispiel: Der Gesetzgeber war so weise, die §§ 104 ff. BGB so zu formulieren, dass sie für alle Willenserklärungen gelten, gleich in welcher Form und mit welchem Medium sie erklärt werden. Daher gelten diese Normen ohne weiteres auch für SMS, E-Mails und Messenger-Dienste, und zwar direkt (nicht: analog).

■ Eine Lücke ist auch dann in diesem Sinne planwidrig, wenn der Gesetzgeber sie **bewusst geplant, um der Rechtsprechung und Praxis die Ausfüllung zu überlassen**.

Beispiel: Schmerzensgeld muss nach § 253 Abs. 2 BGB „billig" (im Sinne von „gerecht") sein. Seine konkrete Höhe ist im Gesetz nicht festgelegt, sie soll von den Parteien im Einzelfall ausgehandelt und notfalls von den Gerichten festgelegt werden.

Keine planwidrige Lücke liegt hingegen vor, wenn der Gesetzgeber einen Fall **absichtlich ungeregelt** gelassen hat, **weil er von der Norm nicht erfasst sein soll**. Dieses **beredte Schweigen des Gesetzgebers** verlangt vom Rechtsanwender den Umkehrschluss, dass für nicht geregelte Fälle gerade nicht die Rechtsfolge der

Norm gelten soll. Dann müssen Sie die Lücke akzeptieren, Sie dürfen sie nicht ausfüllen. Auch hier gilt aber, dass der Umkehrschluss kein Automatismus sein darf, sondern dass Sie ihn vielmehr mit einem Sachargument legitimieren müssen.

Beispiel: Nach § 45 VwGO ist grundsätzlich das Verwaltungsgericht in erster Instanz sachlich zuständig. Es steht dort nicht ausdrücklich, aber der Gesetzgeber gibt damit zugleich zu erkennen, dass die Oberverwaltungsgerichte bzw. Verwaltungsgerichtshöfe sowie das Bundesverwaltungsgericht im Umkehrschluss grundsätzlich nicht für die erste Instanz zuständig sind. Denn anderenfalls – jetzt kommt das Sachargument – wäre nicht eindeutig zu bestimmen, welches Gericht zuständig ist, worin ein Verstoß gegen die Garantie des gesetzlichen Richters aus Art. 101 Abs. 1 S. 2 GG läge. Das Bundesverwaltungsgericht kann also keinesfalls analog § 45 VwGO erstinstanzlich zuständig sein.

Für die Planwidrigkeit gilt dasselbe wie für die historische Auslegung: Grundsätzlich können Sie **in der Klausursituation den Plan des Gesetzgebers nicht kennen**. Soweit es sich nicht um eine klassisch bekannte Planwidrigkeit handelt oder soweit nicht ausnahmsweise mit systematischen Überlegungen und Vergleichen auf die Planwidrigkeit geschlossen werden kann, sollten Sie die Planwidrigkeit **im Zweifel eher bejahen**. Die entscheidende Diskussion können Sie dann beim letztem Merkmal führen, bei welchem der besser herleitbare Sinn und Zweck eine Rolle spielt:

cc) Vergleichbare Interessenlage hinsichtlich eines geregelten Falls

Schließlich müssen Sie beurteilen, ob die **Interessenlage im gesetzlich geregelten und im von Ihnen zu beurteilenden Fall** vergleichbar ist.

„Vergleichbarkeit" ist dabei (wie so oft) **nicht im eigentlichen Wortsinne** zu verstehen, denn es kann letztlich alles mit allem verglichen werden. Gemeint ist vielmehr, wie viele **Gemeinsamkeiten und** wie viele **Unterschiede** die beiden Vergleichsobjekte haben.

Entscheidend ist, ob die **Interessen des Gesetzgebers** bei Schaffung der Norm den **Interessen der Personen** im zu beurteilenden Fall **im Wesentlichen gleichen**. Unwesentliche Unterschiede stehen einer Analogie nicht entgegen.

Beispiel: § 181 BGB soll den bzw. die Vertretenen im Wesentlichen davor schützen, dass der Vertreter zu seinem bzw. ihrem Nachteil handelt, indem er auf beiden Seiten des Rechtsgeschäfts steht.
In Konstellationen, in denen letztlich auf beiden Seiten dieselbe Person steht und daher derselbe Interessenkonflikt droht, besteht daher eine vergleichbare Interessenlage, wobei es unwesentlich ist, dass die Personenbeziehungen nicht der Beschreibung des Wortlauts entsprechen (Bsp.: Wenn § 181 BGB das

Vertretergeschäft erfasst, dann ist analog § 181 BGB auch das Geschäft eines vom Vertreter bestellten Untervertreters mit dem Vertreter erfasst).
Demgegenüber besteht ein wesentlicher Unterschied, wenn zwar (irgend-)ein Interessenkonflikt vorliegt, aber dieser nicht durch ein Auftreten derselben Person auf beiden Seiten verursacht wird (Bsp.: § 181 BGB wird nicht analog angewendet, wenn der Vertreter sich gegenüber seinem Gläubiger im Namen des Vertretenen für eine Schuld des Vertreters verbürgt).

Sie prüfen also in **drei Schritten:**

- Ermittlung der **Interessen des Gesetzgebers** anhand der oben erörterten Auslegungsmethoden, insbesondere durch Bestimmung des **Sinns und Zwecks der Norm,**

- Ermittlung der **Interessen der beteiligten Personen** anhand einer umfänglichen und lebensnahen Bewertung des Sachverhalts und

- **wertender Vergleich** der beiden Interessenlagen.

Parallel zu dem oben erörterten Prinzip der eher engen Auslegung von Ausnahmevorschriften gilt, dass **Ausnahmevorschriften eher nicht analogiefähig** sind. Auch sie können aber einer Analogie zugänglich sein, soweit die **Interessenlagen** nicht nur im Wesentlichen gleich, sondern **letztlich identisch** sind.

Beispiel: § 80 Abs. 2 Nr. 2 VwGO ist eine Ausnahmevorschrift zum Grundsatz des § 80 Abs. 1 VwGO. Die h.M. wendet sie gleichwohl analog auf Verkehrszeichen an, da diese dieselbe Funktion haben wie Anordnungen eines Polizeivollzugsbeamten.

Die gesetzliche Interessenlage und/oder die Rechtsfolge können Sie entweder einer einzelnen Norm **(Gesetzesanalogie)** oder mehreren Normen **(Rechtsanalogie/Gesamtanalogie)** entnehmen. Letztere lässt sich insbesondere dann konstruieren, wenn sich den Normen ein **allgemeiner Rechtsgedanke** entnehmen lässt.

Beispiel zur Rechtsanalogie/Gesamtanalogie: Die Störung (nur) bestimmter Rechtsgüter ist gemäß §§ 12, 862, 1004 BGB zu unterlassen bzw. zu beseitigen. Schadensersatz ist hingegen gemäß § 823 Abs. 1 BGB bei der Verletzung jedes absolut geschützten Rechtsguts zu leisten („sonstiges Recht eines anderen"). Es ist allgemeine Ansicht, dass aufgrund einer Gesamtanalogie zu diesen Vorschriften die Störung jedes absolut geschützten Rechtsguts zu unterlassen bzw. zu beseitigen ist. Wenn die Verletzung eines Rechtsguts auf Sekundärebene zum Schadensersatz führt, dann soll bereits auf Primärebene eine drohende Verletzung in Form einer Störung abgewendet werden können.

b) Rechtsfortbildung

Es gibt Fälle, in denen eine ausfüllungsbedürftige Lücke des Gesetzes sich nicht durch analoge Anwendung von Vorschriften schließen lässt, weil es auch im Umfeld **zu ähnlichen Interessenlagen** schlicht **keine gesetzlichen Vorschriften** gibt. Dann kommt eine ergänzende Rechtsfortbildung aufgrund **allgemeiner gesetzlicher und rechtlicher Prinzipien** in Betracht. Der Übergang von der Rechtsanalogie/Gesamtanalogie zur Rechtsfortbildung ist dabei fließend.

Beispiele für anerkannte Rechtsfortbildungen: allgemeines Persönlichkeitsrecht; Vertrag mit Schutzwirkung zugunsten Dritter (str.); Verwirkung; Sicherungsübereignung; Drittschadensliquidation

Das gedankliche Vorgehen ist dabei ähnlich wie bei der Analogie: Es muss eine **planwidrige Regelungslücke** vorliegen und es muss ein **faktisches Regelungsbedürfnis** bestehen.

Die Rechtsfortbildung ist in erster Linie **den obersten Bundesgerichten vorbehalten** (vgl. § 132 Abs. 4 GVG und § 11 Abs. 4 VwGO). In einer Dissertation oder einem Aufsatz kann sie angeregt werden.

In der **Klausur** ist dies hingegen nicht Ihre Aufgabe. Hier genügt es, die **allgemein anerkannten Rechtsfortbildungen** zu kennen und knapp zu begründen bzw. herzuleiten.

4. Teleologische Reduktion

Die teleologische Reduktion ist nach ihren Voraussetzungen und nach ihrer Rechtsfolge das **Gegenstück zur Analogie**. Sie führt im Einzelfall zur Einschränkung (Reduktion) einer an sich erfüllten Norm, weil der Sinn und Zweck (Telos) dieser Norm das gebietet. Auch hier liegt die Rechtfertigung für diesen Eingriff in die Legislative darin, dass Art. 3 Abs. 1 GG es gebietet, **wesentlich Ungleiches rechtlich ungleich zu behandeln**.

Tatbestandlich erfordert die teleologische Reduktion Folgendes:

- Eine **vorrangige Auslegung (Primat der Auslegung)** muss ergeben, dass ein **planwidriger Regelungsüberschuss** vorliegt. Der Gesetzgeber muss die Norm so formuliert haben, dass ihr Tatbestand einen Fall erfasst, den er nicht erfassen wollte. Gründe hierfür können abermals schlicht ein Redaktionsversehen oder ein Wandel der tatsächlichen Umstände und technischen Möglichkeiten sein.

■ Nach Sinn und Zweck (Telos) der Norm dürfen die **Interessenlagen** im zu beurteilenden Fall und in den von der Norm erfassten Fällen **nicht** im oben dargestellten Sinne **vergleichbar** sein, d.h. die Interessenlagen müssen sich **wesentlich unterscheiden**.

Rechtsfolge der teleologischen Reduktion ist, dass die Rechtsfolge einer Norm nicht greift, obwohl die Prüfung und Auslegung des Tatbestands dieser Norm ergeben hat, dass er erfüllt ist.

Beispiel: Nach dem Wortlaut des § 181 BGB ist ein Insichgeschäft nur dann sofort wirksam, soweit es dem Vertreter gestattet wurde oder soweit es lediglich in der Erfüllung einer Verbindlichkeit besteht. Daraus folgt im Umkehrschluss, dass alle anderen Insichgeschäfte schwebend unwirksam sein müssten.
Soweit aber ein Insichgeschäft dem Vertretenen lediglich einen rechtlichen Vorteil beschert, besteht kein Grund für eine schwebende Unwirksamkeit, denn Zweck des § 181 BGB ist der Schutz des Vertretenen vor Nachteilen, nicht aber vor Vorteilen. § 181 BGB ist daher teleologisch so zu reduzieren, dass seine Rechtsfolge lediglich rechtlich vorteilhafte Insichgeschäfte nicht erfasst. Der Vertreter kann also z.B. einen Schenkungsvertrag mit sich selbst für den Vertretenen wirksam abschließen.

Der **Übergang von der teleologischen Auslegung** der Tatbestandsmerkmale **zur teleologischen Reduktion** der Rechtsfolge ist dabei **fließend**. Soweit erstere am (zu eindeutigen) Wortlaut der Norm scheitert, lässt sich über letztere das Ergebnis korrigieren.

Ferner sind **Analogie und teleologische Reduktion** regelmäßig austauschbar, denn es macht im Ergebnis keinen Unterschied, ob der Grundsatz teleologisch reduziert oder ob die Ausnahme mittels Analogie erweitert wird. Auch hier gilt, dass Sie bei Klassikern die übliche Einordnung kennen sollten und im Übrigen argumentativ zwar frei sind, sich aber angesichts des Ausnahmecharakters beider Rechtsinstitute gleichermaßen zurückhalten sollten.

Beispiel: Üblicherweise wird hinsichtlich lediglich rechtlich vorteilhafter Rechtsgeschäfte der Grundsatz der Unwirksamkeit von Insichgeschäften (§ 181 BGB) teleologisch reduziert, s.o. Es wäre aber nicht unvertretbar, zum selben Ergebnis durch analog-extensive Anwendung der Ausnahmen (Gestattung; Erfüllung einer Verbindlichkeit) zu kommen.

5. Meinungsstreite und unstreitige Probleme

Oft werden Sie lesen oder hören, dass etwas „**strittig**" oder „**umstritten**" ist. Das bedeutet, dass mehr oder weniger namhafte Juristen – obere Gerichte und Autoren von Lehrbüchern, Kommentaren sowie Aufsätzen – eine **Rechtsfrage unterschiedlich beurteilen**. Das ist eine normale Folge des Umstands, dass der Gesetzgeber nie alle Fälle, die dem Rechtsanwender später begegnen werden, im Vorfeld erkennen und hinreichend eindeutig regeln kann.

Die Streiterei ist dabei keinesfalls ein bloßes Mittel, um Jurastudenten das Leben schwer zu machen. Sie **dient der Fortbildung des Rechts**. Immer wieder führt die Kritik an obergerichtlichen Urteilen dazu, dass später entweder das Gericht selbst seine Rechtsprechung ändert oder dass der Gesetzgeber das Gesetz so ändert, dass die bisherige Linie der Rechtsprechung nicht mehr zulässig ist. Sie sollen diese Kritikfähigkeit im Studium erlernen, damit Sie später – in Amt und Würden – Rechtsfortbildungen mitgestalten können.

In der **Praxis** spielen Streitigkeiten in aller Regel spätestens dann keine Rolle mehr, wenn letztinstanzlich über sie entschieden wurde. In der **Klausur**, in welcher Sie ein **wissenschaftliches Gutachten** erstellen sollen, müssen Sie hingegen zumindest auch solche Fragen als streitig behandeln, die erst seit kurzem letztinstanzlich geklärt wurden oder bei denen namhafte Autoren in jüngerer Zeit die letztinstanzliche Klärung als nicht überzeugend ablehnen.

Beispiel: Die Behandlung des Erlaubnistatbestandsirrtums ist vom BGH für die Praxis seit Langem geklärt, zählt aber sowohl in Semesterabschluss- als auch in Examensklausuren nach wie vor zu einem der Streitklassiker des Strafrechts.

Die Produkte von **Alpmann Schmidt** werden laufend aktualisiert und dabei darauf überprüft, ob eine bisher bestehende Streitfrage auch für die Klausur als inzwischen unstreitig angesehen werden kann, etwa weil alle Gerichte und Autoren sich einer Meinung angeschlossen haben.

Ausführliche Beispiele zu konkreten Formulierungen eines Meinungsstreits im Gutachten finden Sie unten im 9. Schritt. An dieser Stelle folgt zunächst das im 6. Schritt gedanklich Relevante.

a) Einordnung in die übliche Methodik

Die Darstellung und Lösung eines Meinungsstreits müssen Sie in Ihrer Klausur **innerhalb der Definition bzw. Auslegung oder Subsumtion** vornehmen. Dabei benutzen Sie die üblichen, oben dargestellten Arbeitstechniken. Nochmal: Insofern ist der **Übergang von einer zwar anspruchsvollen, aber unstreitigen Gesetzesauslegung zu einem „echten" Meinungsstreit fließend**. Es ist immer wieder zu beobachten, dass sämtliche methodische Grundfähigkeiten auch guter Studenten restlos verschwinden, sobald ein Meinungsstreit auftaucht. Stattdessen werden auswendig gelernte Lehrbuchpassagen ohne Fallbezug heruntergespult. Sie sollen aber **kein Lehrbuch über abstrakte Regelungen schreiben, sondern einen konkreten Fall gutachtlich lösen**.

Beispiel: Wenn sich die Frage stellt, ob nach § 816 Abs. 1 S. 1 BGB auch ein erzielter Gewinn herauszugeben ist, dann denken (und später: schreiben) Sie also bitte **keinesfalls** „Bei § 816 BGB ist umstritten, ob ein erzielter Gewinn herauszugeben ist." So steht es im Lehrbuch, aber nicht im Gutachten! –
Methodisch sauber ist folgender Gedankengang: „Nach dem Wortlaut des § 816 Abs. 1 S. 1 BGB ist das ‚Erlangte' herauszugeben. ‚Erlangtes' wird definiert

als jede vermögenswerte Position. Zweifelhaft ist, ob auch ein erzielter Gewinn hierzu zählt. Dafür spricht ... ."

Ein Meinungsstreit rührt oft daher, dass die Rechtsanwender bei der abstrakten **Auslegung und Definition** der gesetzlichen Merkmale verschiedene Ergebnisse erzielen.

Beispiel: Umstritten ist, ob die Definition des (Handels-)Gewerbes i.S.d. § 1 Abs. 1 HGB erfordert, dass die Tätigkeit auf Gewinnerzielung ausgerichtet ist.

Seltener tauchen Streitigkeiten auf Ebene der **Subsumtion** auf. Aber Achtung, **es kann nicht umstritten sein, wie in dem von Ihnen zu lösenden Klausurfall subsumiert werden muss**, denn dieser exakte Fall ist den anderen Rechtsanwendern nicht bekannt. Allenfalls kann in **vergleichbaren Fällen** ein Streit bestehen.

Beispiel: K kauft von V privat einen gebrauchten Pkw, ohne sich die Zulassungsbescheinigung Teil II (Fahrzeugbrief) zeigen zu lassen. Der Pkw gehört E, trotzdem übereignet V an K (bzw. V versucht dies zumindest).
Gemäß § 932 Abs. 1 S. 1 BGB erwirbt K kein Eigentum von V, wenn er hinsichtlich der Eigentumslage bösgläubig war. Das setzt gemäß § 932 Abs. 2 BGB voraus, dass K die wahre Eigentumslage kannte oder grob fahrlässig nicht kannte.
Es heißt manchmal, es sei „umstritten, ob Bösgläubigkeit bestehe, wenn der Käufer eines gebrauchten Pkw von privat sich den Fahrzeugbrief nicht zeigen lasse". Gemeint ist damit, dass in ähnlichen Fällen von manchen die Bösgläubigkeit bejaht und von anderen verneint wurde. Grund dafür ist, dass die einen das Nichtvorzeigen des Fahrzeugbriefs schwerer gewichtet haben, während die anderen dies weniger dramatisch sahen.
In der Klausur müssen Sie schauen, welche Anhaltspunkte im konkreten Fall (!) für und gegen eine Bösgläubigkeit sprechen. Die unterlassene Anforderung des Fahrzeugbriefs spricht sicherlich für Bösgläubigkeit. Aus anderen Umständen kann sich aber dennoch eine Gutgläubigkeit ergeben, z.B. wenn die Kfz-Zulassungsstelle gegenüber K den V als Eigentümer bezeichnet hat.
Eines steht aber fest: Kein Gericht, kein Lehrbuch, kein Aufsatz und kein Kommentar hat sich mit exakt diesem Fall bisher befasst.

b) Prüfungsschritte

Sobald Sie beim Durchlösen eines Falls auf eine umstrittene (oder anspruchsvolle, aber im Ergebnis unstreitige) Rechtsfrage stoßen, müssen Sie sich **zwei Fragen** stellen:

■ **Kommt es auf den Streit** (oder die anspruchsvolle Rechtsfrage) **überhaupt an**, ist es also **für den Fortgang der Lösung überhaupt relevant**, welcher Ansicht man sich anschließt (bzw. wie man die Rechtsfrage löst)? Auch hier gilt die bereits erwähnte Regel, dass auch per se **korrekte Ausführungen zu Punktabzug führen, wenn sie keinen Bezug zur Aufgabenstellung haben**. Oft ist es nämlich so, dass (selbst) in einer (fünfstündigen Examens-)Klausur allenfalls eine Handvoll Streitigkeiten zu entscheiden sind, während ein Vielfaches von Ihnen offenbleiben kann.

Die Relevanz des Streits ermitteln Sie, indem Sie den Klausurfall **unter alle Ansichten** (bzw. Lösungsansätze) **subsumieren**. Soweit (!) die Ansichten zum selben Ergebnis kommen, verbietet es sich, den Streit (bzw. die Rechtsfrage) zu entscheiden. Es kann also sein, dass Sie die Thematik **mehrfach ansprechen** und bis zum Schluss **nicht gänzliche entscheiden müssen**.

Beispiel: Wenn im Ausgangsfall 144 Personen demonstrieren oder gemeinsam Straftaten begehen, dann spielt es keine Rolle, ob eine Versammlung bzw. eine Bande ab zwei, drei oder sieben Leuten anzunehmen ist. Treten in der Abwandlung vier Personen auf, so müssen Sie nur eine Entscheidung für oder gegen die Ansicht „sieben" treffen, weil die Ansichten „zwei" und „drei" zum selben Ergebnis kommen.

▪ Soweit (!) die Ansichten (bzw. Lösungsansätze) zu verschiedenen Ergebnissen führen, soweit (!) es also auf den Streit (bzw. die Rechtsfrage) ankommt: **Welcher Ansicht soll gefolgt werden?** Aufbauen auf dieser Weichenstellung müssen Sie dann die weitere Lösung durchdenken. Prinzipiell ist nicht entscheidend, ob Sie sich der sog. herrschenden Meinung oder einer anderen Ansicht anschließen, sondern nur, ob Sie Ihre Lösung gut begründen. **Klausurtaktisch** ist es aber **ratsam, der herrschenden Meinung zu folgen**, weil die vom Klausurersteller erdachte Kettenreaktion aus Dominosteinen in der Regel auf dieser basiert. Einzig am Ende der Lösung (beim letzten Dominostein) spielt diese taktische Überlegung keine Rolle, weil sich keine Auswirkungen auf den weiteren Lösungsweg ergeben.

Beispiel: Bei der Erfolgsaussicht einer Klage stellt sich zu Beginn die Frage nach der statthaften Klageart. Regelmäßig sollten Sie hier der h.M. folgen, da diese Entscheidung Auswirkungen auf einen Großteil der weiteren Ausführungen zur Zulässigkeit und Begründetheit haben kann.

Gegenbeispiel: Es ist umstritten, ob die Rechtsfolge des § 816 Abs. 1 S. 1 BGB („Herausgabe des durch die Verfügung Erlangten") nur auf den objektiven Wert des betroffenen Gegenstands gerichtet ist, oder auch auf einen diesen Wert übersteigenden Gewinn des Verfügenden (so die h.M.). Wenn Wert und Gewinn sich im Sachverhalt unterscheiden, dann müssen Sie diese Frage entscheiden. Da sich diese Frage aber regelmäßig am Ende der Ausführungen zu diesem Anspruch stellt, ergibt sich klausurtaktisch keine Präferenz für eine der beiden Lösungen.

Die **Argumente** sollten Sie gedanklich bereits in diesem Schritt im Wesentlichen parat haben. Für sie gibt es **drei Quellen:**

1. Mit steigender Semesterzahl werden Sie immer mehr Argumente **auswendig** wissen, gerade bei **klassischen Streitigkeiten** (bzw. Rechtsfragen). Je klassischer ein Streit, umso mehr wird erwartet, dass Sie (auch) die gängigen Argumente bringen.

2. Auf jeden Fall sollten Sie die Argumente diskutieren, die **konkret im Sachverhalt vorgegeben** werden.

   Beispiel: Wenn eine Person sagt, „das wurde bei meinem Nachbarn doch auch nicht beanstandet", dann sollten Sie diskutieren, ob eine Gleichbehandlung (z.B. wegen Art. 3 Abs. 1 GG) geboten ist.

3. Sie können **selbst entwickelte Argumente** anführen, insbesondere, wenn die beiden erstgenannten Quellen nicht sehr ergiebig sind. Je exotischer ein Streit (bzw. eine Rechtsfrage), umso eher müssen Sie zeigen, dass Sie aus dem Stand Argumente entwickeln können. Ferner sind die klassischen Argumente oft genereller Natur, während Ihre eigenen Argumente die **Besonderheiten des konkreten Falls berücksichtigen** können. Die Mischung macht's.

   Beispiel: Für Ihre Lösung zugunsten des Klägers könnten sowohl das Rechtsstaatsprinzip und seine Berufsfreiheit (Art. 12 GG) als auch die Umstände sprechen, dass der Kläger drei Wochen lang unverschuldet im Koma lag und zudem die Behörde ihm wichtige Informationen vorenthalten hat.

Weitergehend können die **Besonderheiten des konkreten Falls** sogar **klassische Argumente aushebeln.** Papageienhaftes, auswendiges Nachgeplappere von generell Richtigem führt zu massivem Punktabzug, wenn es nicht zum Fall passt.

Beispiel: Die Versammlungsfreiheit (Art. 8 GG) mag generell ein Argument für einen der Lösungswege sein. Für die Lösung des Klausurfalls ist sie aber irrelevant, wenn der Kläger keine Staatsangehörigkeit eines EU-Staats hat (diese werden unstreitig nicht geschützt) oder wenn das Bundesverfassungsgericht ausgesprochen hat, dass der Kläger die Versammlungsfreiheit verwirkt hat (Art. 18 GG).

Beispiel: Eine Warenanpreisung geschieht in der Regel ohne Rechtsbindungswillen (invitatio ad offerendum). Generell wird dafür angeführt, der Verkäufer wolle vor dem Vertragsschluss sowohl die Bonität des Kaufinteressenten als auch seinen Warenvorrat prüfen. Bei einer Schaufensterauslage mag das stimmen, bei Warenanpreisungen im Internet ist das aber eine Frage des Einzelfalls. Bei Stammkunden mit Kundenkonto ist die Bonität des Käufers dem Verkäufer oft bekannt. Eine Verkaufssoftware kann bei Erschöpfung des Vorrats ohne Probleme die Anpreisung löschen oder die Ware als derzeit nicht vorrätig kennzeichnen. Und bei Dateidownloads (Musik, Spiele, Filme, Software) gibt es überhaupt keinen endlichen Vorrat.

D. Anfertigung einer Lösungsskizze (7. Schritt)

Sie können sich die erdachte Lösung nicht auswendig merken, dazu ist sie zu komplex und zu lang. Als **Bindeglied zwischen der gedanklichen Arbeit und ihrer Verschriftlichung** müssen Sie daher eine Lösungsskizze zu Papier bringen.

Ferner sollten Sie im 9. Schritt das **Gutachten in einem Guss herunterschreiben** und sich dabei auf die sprachliche Darstellung konzentrieren. Daher muss Ihre rechtliche Lösung **eindeutig feststehen, bevor Sie mit dem Gutachten beginnen**. Es wird ausdrücklich davor gewarnt, Fragen im 6 und 7. Schritt offenzulassen, um diese dann „spontan" im 9. Schritt zu lösen! Sie müssen lernen und üben, sich **bei der Erstellung der Lösungsskizze zügig zu entscheiden** und dieser Entscheidung dann **bei der Abfassung des Gutachtens zu vertrauen**.

Die Skizze hat den einzigen Zweck, Ihnen selbst als **Regieanweisung** und **Gedächtnisstütze** zu dienen, und auch nur **bis zum Ende der Bearbeitungszeit**. Investieren Sie also **nicht unnötig Zeit** in das Erscheinungsbild der Skizze. Es ist weder erforderlich, dass irgendjemand sonst die Skizze versteht, noch dass Sie die Skizze am nächsten Tag noch verstehen. Verwenden Sie Ihre Zeit lieber auf das Denken (6. Schritt) und das Gutachten (9. Schritt).

Zwar sollten Sie die Skizze **mit** dem Gutachten zusammen **abgeben**, insbesondere wenn das Gutachten einmal nicht fertig wird. Manche Prüfer schauen nämlich in die Skizze und mildern eventuell die negative Bewertung etwas ab. Das müssen die Prüfer aber nicht tun. Daher ist es viel wichtiger, ein abgeschlossenes Gutachten abzugeben als eine für jedermann verständliche Skizze.

Für den **6. und 7. Schritt** gilt in besonderem Maße, dass Sie mit zunehmender Übung **ineinander übergehen**. Die Lösung lässt sich besser durchdenken, wenn man den Denkprozess fortlaufend skizziert und visualisiert. Das entlastet das Gehirn. Probieren Sie aus, welche konkrete Herangehensweise Ihnen am besten liegt.

Sie können **beispielsweise** ein immer feineres „Lösungsnetz" weben, indem Sie zunächst mit viel Abstand die einzelnen Anspruchsgrundlagen/Straftatbestände notieren, diese sodann um die einzelnen Merkmale ergänzen und schließlich Stichworte zu Problemen/Subsumtionen usw. ergänzen. Und/oder Sie können zunächst eine Norm komplett durchdenken, sodann die Skizze zu dieser Norm komplett erstellen und dann die nächste Norm durchdenken.

I. Inhalt und Gestaltung

Dem Zweck der Skizze entsprechend sollten Sie insbesondere:

- möglichst viele **Abkürzungen verwenden**, die Sie verstehen,

  Beispiele: „ETBI" statt „Erlaubnistatbestandsirrtum"; „örS nvA" statt „öffent-lich-rechtliche Streitigkeit nichtverfassungsrechtlicher Art"

- **Symbole** wie in der Sachverhaltsskizze (2. Schritt) verwenden,

- **Zwischenergebnisse und Ergebnisse** festhalten, um den Überblick zu erleichtern,

  Beispiele: „(+)", „(-)", „(+) i.H.v. 500 €, i.Ü. (-)"

- **Probleme**, die im Gutachten ausführlich angesprochen werden sollen, **hervorheben** und ggf. Eindeutiges einklammern,

  Beispiele: Zuordnung einer Ziffer auf einer „Problemskala" von 1-5; farblich markieren/unterstreichen; mehr Platz bis zum nächsten Merkmal lassen

- den **Sachverhalt** in Stichworten notieren, insbesondere bei problematischen Subsumtionen und

  Beispiel: „Fahrlässigkeit (+), auf Handy geguckt, Musik gehört"

- ggf. **Definitionen** und **Argumente** in Stichworten notieren, aber unter ganz besonderer Beachtung des Zwecks der Skizze. Anders als der Sachverhalt werden viele Definitionen und Argumente **in Ihrem Langzeitgedächtnis verankert** sein. Wenn Sie diese bei Erstellung der Skizze kennen, dann werden Sie sich auch noch bei Abfassung des Gutachtens an sie erinnern. Konzentrieren Sie sich hier also auf exotische oder selbst hergeleitete Definitionen sowie auf Argumente, die nicht abstrakte und allgemein bekannte Klassiker sind, sondern die Sie zum konkreten Fall entwickelt haben.

II. Ideenzettel auswerten

Ferner müssen Sie nun Ihren Ideenzettel auswerten. Entscheiden Sie zu jeder einzelnen Idee, ob Sie sie **als unpassend verwerfen**, oder ob und wo Sie sie **im Gutachten unterbringen** wollen.

III. Gliederung der Lösung

Beim Durchlösen des Falls **tauchen** an den verschiedenen Stellen **verschieden tief in Ihre Gedankenstruktur hinein**. Diese Denkweise müssen Sie in Ihrer Lösungsskizze abbilden, um sie später in das Gutachten zu übernehmen. Sie müssen Ihre Gedanken **in mehreren Ebenen gliedern** (also nicht stumpf alle Prüfungspunkte nacheinander von 1 bis 168 durchnummerieren).

Durch geschicktes Gliedern können Sie Ihre **Gedankengänge** wesentlich leichter **entwickeln**. Ferner erleichtern Sie es dem Adressaten (Ihrem Prüfer) massiv, Ihren **Gedankengängen zu folgen**.

Das menschliche Gehirn kann **maximal sieben gleichrangige Punkte** strukturiert erfassen. Das ist auch beim **Erlernen von Wissen** wichtig. Sie sollten sich längere Aufbauschemata sowie umfangreiche Fallgruppen und Problemfelder einer Norm möglichst in mehrere Ebenen einteilen und merken.

Damit Sie die Gliederung aus Ihrer Lösungsskizze ohne Veränderungen im Gutachten verwenden können, sollten Sie bereits in der Skizze die **üblichen Gliederungstechniken** verwenden.

1. Gliederungspunkte und -ebenen

Die **Benennung der Gliederungspunkte** erfolgt mit Buchstaben sowie römischen und arabischen Ziffern. Sie steigern die Übersichtlichkeit, wenn Sie die Gliederungspunkte in Ihrer Lösungsskizze entsprechend der Gliederungsebene einrücken. Üblich ist folgende Reihenfolge, welche zu **acht Gliederungsebenen** führt:

A.
  I.
    1.
      a)
        aa)
          (1)
            (a)
              (aa)

Weitere tiefere Ebenen können Sie durch griechische Buchstaben (alpha, beta, gamma, ...) oder Buchstabenhäufung („aaa]") erzeugen. **Weitere höhere Ebenen** können Sie mit „1. Teil" und „1. Abschnitt" kennzeichnen.

Seien Sie mit weiteren Ebenen jedoch eher **zurückhaltend**, denn ein Klausurfall ist selten so kompliziert, dass Sie derart viele Gliederungsebenen benötigen. Sie können daher ein **Indiz** dafür sein, dass Ihr Lösungsweg **zu kompliziert und falsch** ist oder dass er eine **vermeidbare Inzidentprüfung** enthält.

Zu viele Gliederungspunkte und -ebenen schaden zudem der **Übersichtlichkeit** genauso wie zu wenige. Sie müssen ein **gesundes Mittelmaß** finden. Hierbei sind folgende **Richtlinien** hilfreich:

- ■ In der Regel sollten Sie **pro Tatbestandsmerkmal einen Gliederungspunkt** setzen. Gänzlich unproblematische Merkmale sollten Sie aber unter einem Gliederungspunkt gemeinsam abhandeln. Sie sollten hingegen einzelne Merkmale weiter untergliedern, wenn diese im konkreten Fall problembehaftet und ausführlich darzustellen sind oder wenn sie üblicherweise untergliedert werden und im konkreten Fall nicht gänzlich unproblematisch sind.

Beispiel: „3. Rechtswidrigkeit, Schuld (+)"

Beispiel: „2. subjektiver Tatbestand: a) Vorsatz; b) Zueignungsabsicht"

- **Innerhalb** einer **Argumentation** sollten Sie hingegen **keine Gliederungspunkte** für einzelne Argumente setzen. In einer Hausarbeit oder Dissertation mit 25 Argumenten kann das sinnvoll sein, aber bei einer Handvoll Argumente in einer Klausur wirkt das leicht übertrieben. Benutzen Sie hingegen schlicht **Aufzählungszeichen** („Bulletpoints"), um die einzelnen Argumente aufzuführen.

Im **Gutachten** grenzen Sie dann die Argumente durch **Absätze** voneinander optisch ab, dazu mehr im dritten Arbeitsschritt.

2. Logische Zuweisung der Gliederungsebene

Logisch gleichstufige Prüfungspunkte müssen Sie gleichstufigen Gliederungspunkten zuordnen. **Logisch nachrangige Prüfungspunkte** müssen Sie Gliederungspunkten in der nächst-unteren Stufe zuordnen. So wird deutlich, dass zwischen den gleichrangigen Prüfungspunkten kein Rangverhältnis besteht und dass sie die Begründung für die Bejahung/Verneinung des übergeordneten Prüfungspunktes liefern.

Beispiel zu § 242 StGB: „1. objektiver Tatbestand, a) Sache, b) beweglich, c) fremd, d) Wegnahme"

Es sei Ihnen davon abgeraten, **Ergebnissen** und **Zwischenergebnissen** eigene Gliederungsziffern nach dem letzten Tatbestandsmerkmal zuzuordnen. Das Ergebnis steht im Rang nicht unter der geprüften Norm, sondern im gleichen Rang. Zudem ist es der Übersichtlichkeit abträglich, wenn Sie das Ergebnis in einem Gliederungspunkt verstecken.

Beispiel: Also besser **nicht**
„1. § 823 Abs. 1
...
f) Verschulden
g) Erg: § 823 Abs. 1 (+)"
sondern
„f) Verschulden
Erg: § 823 Abs. 1 (+)"

Ferner gilt, dass in jeder Gliederungsebene **mindestens zwei Gliederungspunkte** enthalten sein müssen. **Wer A sagt, muss auch B sagen.** Wenn Sie nur einen Gliederungspunkt besetzen können, dann sollten Sie diese Gliederungsebene streichen und den Gliederungspunkt in die nächsthöhere Ebene einordnen. Dadurch sorgen Sie zugleich dafür, dass Sie sich im dritten Arbeitsbereich unnötige Schreibarbeit und Lehrfloskeln sparen.

Beispiel: Wenn Sie mehrere Rechtfertigungsgründe ansprechen wollen, dann können Sie gliedern „3. Rechtswidrigkeit, a) § 32 StGB, b) § 34 StGB, c)…".
Wenn Sie hingegen nur einen Rechtfertigungsgrund ansprechen wollen, dann gliedern Sie schlicht „3. Rechtswidrigkeit: § 32 StGB". Automatisch werden Sie dann im Gutachten schreiben „3. Die Tat könnte gemäß § 32 StGB gerechtfertigt sein.", anstatt eines unbeholfenen „3. Die Tat könnte gerechtfertigt sein. a) Die Tat könnte gemäß § 32 StGB gerechtfertigt sein."

Sie sollten gerade in dieser Konstellation darauf **verzichten**, dem **Ergebnis** einen eigenen Gliederungspunkt zuzuweisen, um einen **zweiten Gliederungspunkt zu konstruieren**. „3. Rechtswidrigkeit, a) § 32 StGB, b) Ergebnis" wirkt **äußerst unbeholfen** und verursacht zudem noch mehr Schreibarbeit.

E. Lösungskontrolle (8. Schritt)

Ebenso, wie Sie im 3. Schritt die Sachverhaltserfassung zum Ende kontrolliert haben, müssen Sie nun mit **drei Kontrollfragen** Ihre **rechtliche Lösung** kontrollieren, bevor Sie sie zu Papier bringen.

I. Vollständigkeit

Alle **rechtlich bedeutsamen Sachverhaltsumstände** müssen Sie an mindestens einer Stelle subsumiert haben. Sie müssen sich fragen: „Habe ich alles verarbeitet?"

II. Plausibilität und Vertretbarkeit

Ihre Lösung muss **frei von Widersprüchen** sein. Dazu gehört auch, dass Ihre Lösung **nicht jedem Gerechtigkeitsempfinden widersprechen** darf. Man sagt zwar gelegentlich etwas überzeichnet, Recht und Gerechtigkeit seien nicht immer dasselbe, und tatsächlich gibt es gelegentlich Abweichungen zwischen der Rechtslage und dem mehrheitlichen Gerechtigkeitsempfinden. Aber ein diametraler Gegensatz ist dann doch die absolute Ausnahme und ein gewichtiges Indiz für fehlende Plausibilität und Vertretbarkeit. Sie müssen sich fragen: „Ist die Lösung so plausibel und vertretbar?"

III. Überzeugungskraft

Weitergehend sollte Ihre Lösung zumindest nach Ihrem Dafürhalten die **überzeugendste** sein, denn dann können Sie sie bestmöglich **argumentativ begründen und vertreten**. Dazu gehört auch, dass Ihre Lösung die **üblichen Prüfungsreihenfolgen** einhalten und in der Regel der **herrschenden Meinung** folgen sollte. Insofern gilt das **Teflonprinzip:** Kritik muss an der Lösung sofort abperlen. Sie müssen sich fragen: „Wird das den rechtssuchenden Bürger und den Prüfer überzeugen?"

F. Besondere Situationen

I. Schwerpunktbildung

Eine gute Klausurbearbeitung darf **keinesfalls sämtliche Normen und Tatbestandsmerkmale in gleicher epischer Breite** darstellen. Dazu haben Sie **weder die Zeit noch ist es Ihre Aufgabe**, einen lehrbuchähnlichen, sämtliches Wissen enthaltenden Text zu verfassen.

Vielmehr gilt das **Notwendigkeitsprinzip**, d.h. dass das Gutachten die **aufgeworfenen Rechtsfragen erschöpfend beantworten** soll, dabei aber auch in seiner Tiefe **nur die zur Beantwortung notwendigen Ausführungen** machen darf.

Insofern müssen Sie sich einer bereits erwähnten, großen **Gefahr** der üblichen **Prüfungsschemata** bewusst sein. Sie beinhalten abstrakt-generelle Prüfungsroutinen und sind **auf Vollständigkeit ausgelegt**. In Ihnen sind alle Prüfungspunkte gleichwertig und ohne konkret-fallbezogene Schwerpunktbildung enthalten sind.

Sie müssen **bereits im zweiten Arbeitsbereich festlegen**, an welchen Stellen des Gutachtens Sie Schwerpunkte setzen werden und an welchen es besonders kurz ausfallen soll. Sie haben später im dritten Arbeitsbereich nicht die Zeit, sich dies für jeden Prüfungspunkt einzeln zu überlegen. Ferner müssen Sie schon bei Beginn der Niederschrift des Gutachtens überblicken können, welcher Bereich sie wie viel Zeit kosten wird.

1. Ermittlung der Problembereiche und Schwerpunkte

Wichtigstes Werkzeug ist ein gut geschultes **Problembewusstsein und -gespür**, denn **Schwerpunkte müssen dort gesetzt werden, wo Probleme liegen**. Das beherrscht kaum jemand zu Beginn des

Studiums. Sie müssen es daher **einüben und trainieren**. Dies ist einer der Hauptgründe für die eingangs geäußerte Empfehlung, während des gesamten Studiums fortlaufend Fälle zu lösen.

Einerseits gilt es, **nicht zu flüchtig und zu oberflächlich** zu arbeiten, denn dann übergehen Sie Probleme, deren Behandlung vom Aufgabensteller erwartet wird. Das wiegt besonders schwer, weil es für die Problemerkennung und -lösung besonders viele Punkte gibt. Anderseits dürfen Sie **nicht zu misstrauisch und zu pedantisch** auf die Problemsuche gehen und hinter jedem Satz das „Problem des Jahrhunderts" vermuten, denn dann kommen Sie mit der Zeit nicht hin. In beiden Extremfällen wird man Ihnen fehlende Schwerpunktbildung vorwerfen, denn diese lebt von der **Abwechslung zwischen Problemen und Eindeutigem**. In Zweifelsfällen sollten Sie aber lieber ein Problem mehr als eins zu wenig ansprechen. Anders als im wahren Leben gilt für die Klausur, dass Sie zunächst **Probleme schaffen und nicht wegschaffen** müssen.

a) Generelle Regeln

Eine **ausführliche** Darstellung ist geboten bei **umstrittenen oder problematischen Stellen**, bei **Abweichungen von der h.M.** und bei Vorschriften mit **einschneidenden Rechtsfolgen**.

Tendenziell und vorbehaltlich der Besonderheiten des Einzelfalls werden **knapper** behandelt **unstreitige und unproblematische Stellen** und Vorschriften, die aus Konkurrenzgründen ohnehin **zurücktreten**, die eine bereits gefundene Rechtsfolge nur **bestätigen** oder deren Rechtsfolge **kaum ins Gewicht fällt**.

Beispiel: Sachbeschädigung an der Kleidung des Opfers, nachdem ein Mord mittels einer Schusswaffe ausführlich geprüft und bejaht wurde.

b) Konkrete Quellen

Je besser Ihr **Problembewusstsein**, umso leichter werden Sie die beiden Quellen für die Schwerpunkte Ihres Falls nutzen können.

aa) Klassiker

Zum einen können und sollen Sie **klassische Probleme kennen** und dann in der Klausursituation **wiedererkennen**. Es ist allerdings Vorsicht geboten, wenn Sie sich kurz vor der Klausur mit dem Problemfeld abstrakt (Skript, Lehrbuch) oder konkret (Fallsammlung, aktuelle Rechtsprechung) befasst haben. Sie können dann Gefahr laufen, den Klausurfall Ihrem Wissen anzupassen (**Sachverhalts-**

quetsche, s. S. 5), anstatt umgekehrt Ihr Wissen auf den Fall anzuwenden. Es gilt also: **Vorsicht vor dem** (vermeintlich) **bekannten Fall**. Auch im Übrigen müssen Sie hier gründlich und gewissenhaft vergleichen, denn mitunter ähneln sich Problemkonstellationen stark. Dann will genau überlegt sein, in welche „Schublade" der Fall gehört oder ob nicht sogar ein atypischer Fall vorliegt, der in keine der klassischen Schubladen hineinpasst.

Anschauliche **Beispiele** sind etwa die Irrtumslehre im Strafrecht AT oder im Sachenrecht die Sonderfallgruppen des EBV. Erschwerend kommt in beiden Bereichen hinzu, dass sich nicht nur die Fallkonstellationen, sondern auch die Bezeichnungen für sie stark ähneln.

bb) Konkrete Hinweise und Anhaltspunkte

Zum anderen müssen Sie den **Klausursachverhalt** auf **Problemhinweise** abklopfen.

- Regelmäßig bestehen Probleme hinsichtlich solcher Bereiche, zu denen **detaillierte Sachverhaltsangaben** vorliegen.

  Beispiele: Wenn im Sachverhalt kurz und knapp steht, dass K ein Handy „kauft", dann liegen Angebot und Annahme unproblematisch vor. Wenn hingegen ausführlich beschrieben wird, wie K und V mehrfach miteinander kommunizieren und der genaue Inhalt der Erklärungen abgedruckt ist, dann sollten Sie den Vertragsschluss ausführlich beleuchten.

- Im Zivil- und Strafrecht haben Sie insbesondere immer wieder Angaben zur **objektiven Sachlage** und der davon (nicht/teilweise) abweichenden **subjektiven Vorstellung** einer Person. Das eröffnet das weite Problemfeld der **Irrtümer**.

  Beispiele: Wenn im Sachverhalt kurz und knapp steht, dass A auf B schießt, dann liegen regelmäßig keine Schwerpunkte beim Vorsatz. Anders ist es hingegen, wenn detailliert beschrieben wird, welche Vorstellungen A im Zeitpunkt des Schießens hatte, insbesondere über sein Zielobjekt und die Erfolgsaussichten des Schusses.

- Wie bereits erwähnt sind **Äußerungen der beteiligten Personen** zu rechtlichen Bewertungen ein Wink mit dem Zaunpfahl dahin, dass Sie diese Rechtsfrage eingehend untersuchen sollen und dass es eventuell sogar einen Meinungsstreit mit divergierenden Ansichten zu dieser Rechtsfrage gibt.

- Sie werden im Laufe des Studiums lernen, dass bestimmte Probleme bestimmte **Folgeprobleme** aufwerfen. Wenn Sie eines der Probleme erkennen, dann liegt es nahe, auch die übrigen Probleme anzusprechen oder zumindest anzudenken.

  Beispiel: Bestimmte Formverstöße sind in Ausnahme zu § 125 S. 1 BGB bei Heilung unbeachtlich (vgl. § 311 b Abs. 1 S. 2 BGB u. § 518 Abs. 2 BGB).

Beispiel: Eine Versuchsprüfung im Strafrecht nach §§ 22, 23 StGB sollte stets mit einer Rücktrittsprüfung (§ 24 StGB) einhergehen.

■ **Grenzfälle** müssen Sie problematisieren, während eindeutige Fälle kurz abgehandelt werden müssen.

Beispiel: Eine Körperverletzung i.S.d. § 223 StGB können Sie bei einem Faustschlag knapp bejahen und bei einem Zuwedeln von Luft schnell verneinen. Beim Anhauchen mit einer Knoblauchfahne müssen Sie hingegen in eine vertiefte Prüfung einsteigen.

■ Überlegen Sie, welche **Interessen** welcher Personen sowie welche **objektiven Rechtsprinzipien** betroffen sind und wie diese von der Rechtsordnung geschützt und gewichtet werden.

Beispiel: Wenn zwischen Anspruchsentstehung und -geltendmachung viel Zeit verstrichen ist, dann steht die Anspruchsinhaberschaft (geschützt nach Art. 14 Abs. 1 GG) dem Prinzip des Rechtsfriedens (abgeleitet aus dem Rechtsstaatsprinzip, Art. 20 Abs. 3 GG) gegenüber. Das Spannungsfeld zwischen diesen beiden Prinzipien hat der Gesetzgeber in den Verjährungsvorschriften geregelt (§§ 194 ff. BGB), die Sie daher prüfen sollten.

■ **Denken Sie wie der Klausurersteller:** Welches Problem lässt sich noch „schön" in den Fall einbauen? Welche Probleme lassen sich gut miteinander kombinieren?

Sie müssen alle rechtlich relevanten Inhalte des Sachverhalts auf Probleme abklopfen. Haben Sie den Sachverhalt wie empfohlen im 1. Schritt im Zweifel „eher zu vollständig" gesammelt (vgl. S. 7 f.), dann ist nun der Zeitpunkt gekommen, **irrelevante Sachverhaltsumstände auszusortieren.**

■ **Hintergrundinformationen**, die den Sachverhalt anschaulicher und gestalten sollen, **lassen Sie ohne Begründung weg.**

Beispiel: A schlägt den B, läuft an einem Fußballplatz mit fünf spielenden Schäferhunden sowie einem gerade von Dieter Bohlen eröffneten Schuhgeschäft vorbei und schlägt sodann den C. –
Kerninformationen sind die beiden Schläge. Die Details des Spaziergangs bleiben unerwähnt. Aufgrund des längeren Spaziergangs stehen allerdings die Taten in Tatmehrheit (§ 53 StGB), daher müssen Sie den Spaziergang (ohne Details) erwähnen.

■ Manchmal werden Informationen bewusst in der Erwartung gegeben, dass Sie **mit Begründung darlegen** müssen, dass es auf diese Information **gerade nicht ankommt.**

Beispiel: A fährt mit dem Pkw in das Fahrrad des O hinein und O stürzt, obwohl A größte Vorsicht hat walten lassen und ganz genau auf den Verkehr geachtet hat. O verlangt von A Schadensersatz. –
A handelte nicht einmal fahrlässig, ihn trifft also kein Verschulden. Ansprüche aus § 823 Abs. 1 BGB und aus § 823 Abs. 2 BGB i.V.m. § 229 StGB schei-

tern also an diesem Tatbestandsmerkmal. Ebenso ist es hinsichtlich der Fahrerhaftung nach §§ 18 Abs. 1 S. 1, 7 Abs. 1 StVG, denn bei dieser wird gemäß § 18 Abs. 1 S. 2 StVG das Verschulden zwar vermutet, A kann die Vermutung aber widerlegen. Für diese drei Anspruchsgrundlagen ist die Information zur hohen Vorsicht des A also lösungsrelevant. A haftet nicht.

Sollte A auch Halter des Pkw sein, so haftet er nach § 7 StVG, und zwar verschuldensunabhängig. Der Umstand, dass für diese Anspruchsgrundlage kein Verschulden erforderlich ist, verkehrt also das bisherige Ergebnis der Falllösung ins Gegenteil. Sie sollten ausdrücklich klarstellen, dass es wegen des Normwortlauts auf das (fehlende) Verschulden nicht ankommt.

2. Gewichtung in der Klausurlösung

Die Problemdichte steuert die Darstellungstiefe:

- Wenn Sie **relativ wenige Probleme** gefunden haben, dann können Sie auf jedes Problem mehr Zeit verwenden, als wenn die Klausur **relativ viele Probleme** enthält, die alle Ihre Aufmerksamkeit in der begrenzten Bearbeitungszeit verlangen.

- Je „**problematischer das Problem**" ist, **umso mehr Zeit** müssen Sie darauf verwenden. Kleineren „Problemchen" schenken sie hingegen weniger Zeit, und mit Unproblematischem dürfen Sie sich nur kurz aufhalten.

Beide Merksätze gelten sowohl für die Denkarbeit im **2. Arbeitsbereich** als auch für die Schreibarbeit im **3. Arbeitsbereich**.

Den Schreibaufwand können Sie vor allem durch die gezielte **Mischung der Stilarten** (Gutachtenstil, Urteilstil) steuern – mehr hierzu im 9. Schritt.

Menschlich verständlich, aber **grob falsch ist das immer wieder zu beobachtende Gegenteil**: Vor allem Anfänger neigen dazu, Leichtes und gut Bekanntes ausführlichst darzustellen, weil sie sich in bekannten Gewässern bewegen. Kompliziertes und Problembehaftetes wird von Ihnen hingegen nur knapp abgehandelt, sei es aus Wissensnot oder aus der durch Rumbummeln in den bekannten Gewässern entstandenen Zeitnot. **Diesen Fehler dürfen Sie nicht machen, auch nicht im ersten Semester**.

Fast schon legendäres **Negativbeispiel** liefern Fälle zu **§ 223 StGB**, in welchen der Täter dem Opfer mit der Faust ins Gesicht schlägt, weil das minderjährige Opfer den Täter zuvor beleidigt und angegriffen hat. –

Leider wird hier immer wieder in aller epischen Breite der – überhaupt nicht problematische – Tatbestand des § 223 StGB geprüft, eben weil ihn jeder Student oft bereits seit der ersten Woche des Studiums kennt. Der Rechtfertigungsgrund des § 32 StGB, zu welchem der Sachverhalt mehrere Probleme enthält, wird dann nur noch in wenigen Sätzen abgehandelt.

II. Offenlassen von Merkmalen

Grundsätzlich müssen Sie alle Merkmale **durchprüfen**. Es wird erwartet, dass Sie sich auch nach der umfangreichsten Diskussion verschiedener Argumente auf ein **Ergebnis festlegen**.

1. Alternative Merkmale

Ausnahmsweise dürfen Sie ein Merkmal offenlassen, wenn es genügt, dass stattdessen ein anderes Merkmal erfüllt ist, wenn also die **Merkmale alternativ und nicht kumulativ** vorliegen müssen.

Allerdings muss der Gesetzgeber die Alternativität gerade geschaffen haben, um **Abgrenzungsschwierigkeiten zu vermeiden**. Denn in diesem Fall müssen Sie in Ihrem Gutachten nicht noch differenzierter als der Gesetzgeber abgrenzen. Aber auch dann gilt, dass Sie mehr Punkte sammeln, wenn Sie eine Abgrenzung vornehmen, für die Ihnen der **Sachverhalt ausreichend tatsächliche Informationen liefert**.

Beispiel: Im Rahmen des § 868 BGB spielt es keine Rolle, ob der unmittelbare Besitzer die Sache gemietet, gepachtet oder geliehen (Leihe als ähnliches Verhältnis) hat. Alle Verhältnisse haben gemeinsam, dass sie einen Fremdbesitzer nur auf Zeit zum Besitz berechtigen; weitere Abgrenzungen verlangt der Gesetzgeber nicht. Gleichwohl sollten Sie das Rechtsverhältnis anhand der Sachverhaltsinformationen einordnen, soweit diese hierfür ausreichen.

Gegenbeispiel: Die drei Nummern des § 323 Abs. 2 BGB sollten Sie nebeneinander prüfen und im Ergebnis festhalten, aufgrund welcher Nummer(n) die Fristsetzung entbehrlich ist. Die Nummern sollen dem Rechtsanwender nicht die Abgrenzung sehr ähnlicher Sachverhalte ersparen, sondern in drei verschiedenen Fällen dieselbe Rechtsfolge greifen lassen.

Im Strafrecht müssen Sie sämtliche Merkmale durchprüfen, da sich **jedes erfüllte Merkmal strafschärfend** auswirken kann. Es besteht bei näherer Betrachtung also gar keine Alternativität.

Beispiel: Sie müssen sämtliche Mordmerkmale des § 211 Abs. 2 StGB und Qualifikationen des § 224 Abs. 1 StGB prüfen, die ernsthaft in Betracht kommen.

2. Verschieben auf später – keine Kopflastigkeit

Ausnahmsweise können Sie **Merkmale überspringen**, wenn ihr Vorliegen zunächst nicht ergebnisrelevant ist und Sie diese **ohnehin an späterer Stelle noch prüfen werden**. Auf diesem Weg vermeiden Sie, dass Ihr Gutachten zu Beginn lange, für das unmittelbar nächste Teilergebnis aber letztlich irrelevante Ausführungen enthält. Das Gutachten wird also **weniger kopflastig.**

Beispiel: Gefragt ist nach sämtlichen Ansprüchen des E aufgrund seiner (zweifelhaften) Eigentümerstellung gegen S. S besitzt die Sache nicht mehr. –

Sie sprechen zuerst § 985 BGB als dinglichen Anspruch an. Bei diesem lassen Sie die Eigentumsfrage offen und lehnen ihn damit ab, dass S jedenfalls kein Besitzer mehr ist. Im Rahmen der weiteren, nachrangigen Anspruchsgrundlagen (z.B. § 812 bzw. § 816 Abs. 1 S. 1 BGB und § 823 Abs. 1 BGB) haben Sie noch genug Gelegenheit, zu zeigen, dass Sie eine Eigentumsprüfung beherrschen.

3. Zeitnot

Ferner können Sie **ausnahmsweise** ein Merkmal **überspringen**, auch wenn Sie es später nicht mehr ansprechen werden, wenn Sie in großer **Zeitnot** sind und es darum geht, eher nebensächliche Normen in aller Kürze abzuarbeiten, vor allem **am Ende der Klausur**. Denn es ist sehr wichtig, das Gutachten **umfänglich und abschließend** zu erstellen, auch wenn dadurch die ein oder andere Passage etwas kürzer ausfällt. Die **Probleme** des übersprungenen Merkmals sollten Sie nach Möglichkeit aber **kurz andeuten**, um zu zeigen, dass Sie sie zwar nicht lösen werden, aber gefunden haben.

Diese Situation wird Ihnen erst am **Ende der dritten Arbeitsphase** begegnen, wegen des Sachzusammenhangs wird sie bereits hier angesprochen.

Beispiel: Sie haben noch 30 Sekunden, um einen Hausfriedensbruch zu prüfen. Formulieren Sie: „Unabhängig davon, ob das Grundstück objektiv einem anderen gehörte, glaubte T jedenfalls, dass es sein eigenes Grundstück sei. Eine Strafbarkeit nach § 123 StGB scheitert daher jedenfalls am fehlenden Vorsatz."

III. Verneinung (mindestens) eines Merkmals und Hilfsgutachten

Die Rechtsfolge tritt nur ein, wenn sämtliche kumulativ erforderliche Tatbestandsmerkmale erfüllt sind. Es schadet also bereits die **Verneinung eines einzigen Tatbestandsmerkmals**. Arbeitsökonomisch liegt es daher nahe, ausschließlich ein nicht vorliegendes Merkmal anzusprechen und alle anderen Merkmale – seien sie erfüllt oder nicht erfüllt – unerwähnt zu lassen.

Im Gutachten gilt aber: **Probleme schaffen, nicht wegschaffen**. In der Regel dürfen Sie **nicht sofort auf das zu verneinende Merkmal springen**, insbesondere wenn zu dem zu bejahenden Merkmalen **punkteträchtige Probleme** bestehen. Es **tritt** also das **Notwendigkeitsgebot hinter dem Vollständigkeitsgebot zurück**.

Das entspricht auch der **Praxis:** In einem Urteil wird zwar sofort und ausschließlich das verneinte Merkmal angesprochen. Anders ist es aber in einem Votum, welches einer der Richter zur Vorbereitung der Beratung aller Richter über das Urteil verfasst oder einem Gutachten, welches ein Rechtsanwalt zwecks Information des Mandanten über die Chancen und Risiken verfasst. Diese müssen so umfassend sein, dass sie ihren Zweck auch erfüllen, wenn **sich herausstellt, dass das vom Verfasser verneinte Merkmal doch vorliegt**.

1. Gleichrangige Merkmale

Bei gleichrangigen Merkmalen lässt sich **methodisch** eine **vollständige Erörterung aller kumulativ erforderlichen Merkmale** bewerkstelligen, mit dem **verneinten Merkmal am Ende**. Eine „Reihenfolge", die sich nicht aus dem Gesetz oder der Logik, sondern aus einem auswendig gelernten Prüfungsschema ergibt, dürfen Sie dabei ruhig ignorieren. Anderenfalls droht die Gefahr, dass Sie zu früh mit der Klausur fertig sind und punkteträchtige Ausführungen auslassen.

Klausurtaktisch sollten Sie das **verneinte Merkmal jedenfalls nach problembehafteten und daher punkteträchtigen bejahten Merkmalen** ansprechen. Unproblematisch bejahte Merkmale können Sie entweder zur Schaffung von Vollständigkeit vor dem verneinten Merkmal kurz benennen oder zur Vermeidung von unnötiger und anfängerhaft wirkender Schreibarbeit weglassen; letzteres insbesondere, wenn es sich um zahlreiche weitere bejahte Merkmale handelt. Ein Stück weit ist das Geschmackssache und eine Frage der Erfahrung und zur Verfügung stehenden Zeit.

Beispiel: Es ist methodisch völlig egal, ob Sie bei § 985 BGB zuerst den Eigentümer oder den Besitzer prüfen. Erörtern Sie zuerst das bejahte und dann das verneinte Merkmal, wenn beide problembehaftet sind. Nennen Sie das unproblematisch bejahte Merkmal zuerst, wegen der Vollständigkeit.

Beispiel: Bei § 242 StGB sollten Sie zuerst „Sache" prüfen, denn nur bei einer solchen ergeben die weiteren Merkmale Sinn. Ferner ist nur bei „Beweglichkeit" der Sache eine „Wegnahme" möglich. Ob Sie hingegen die „Fremdheit" als zweites, drittes oder viertes Erörtern, spielt denklogisch keine Rolle. Üblich ist es wegen der Wortstellungen, die Fremdheit vor der Wegnahme zu prüfen, aber wenn nur die Fremdheit nicht vorliegt, dann kann es sinnvoll sein, diese wegen der Vollständigkeit erst nach der problembehafteten Wegnahme zu erörtern.

2. Vorrangige Merkmale

Merkmale, die in der Rangfolge vor dem verneinten Merkmal stehen, sollten Sie (in der von der Problemdichte abhängigen Darstellungstiefe) **erörtern**.

Beispiel: In der Regel sollten Sie zunächst die Entstehung und den Untergang des Anspruchs erörtern, auch wenn dieser verjährt ist.

Beispiel: Sie prüfen die Zulässigkeit der Klage vor der Begründetheit.

3. Nachrangige Merkmale

Merkmale, die in der Rangfolge nach dem verneinten Merkmal stehen, sollten Sie **in der Regel nicht mehr ansprechen**. Der Gedankengang ist zu Ende.

Beispiel: Wenn die Strafbarkeit am Vorsatz scheitert, dann werden Rechtfertigungs- und Entschuldigungsgründe grundsätzlich nicht mehr angesprochen.

Stets zulässig und erwünscht sind aber **Hilfsbegründungen innerhalb desselben Merkmals**.

Beispiel: Sie argumentieren, dass der Sachverhalt sich bereits nach dem Wortlaut nicht unter ein bestimmtes Merkmal subsumieren lässt und dass dies darüber hinaus nicht mit dem Sinn und Zweck der Norm zu vereinbaren wäre.

a) Nachrangige verneinte Merkmale

Ausnahmsweise sollten Sie solche nachrangigen, ebenfalls verneinten Merkmale ansprechen, bei denen Sie noch **Probleme sehen, die Sie aber später nicht mehr ansprechen können**.

Beispiel: Der Anspruch aus § 823 Abs. 1 BGB scheitert bereits dem Grunde nach am fehlenden Verschulden. Der Sachverhalt enthält aber einige Angaben, die erst bei der Schadenshöhe zu diskutieren sind. Im Ergebnis beträgt der Schaden aber 0 Euro, es besteht also auch der Höhe nach kein Anspruch.

Eine **„mehrbeinige" Ablehnung** entspricht auch der **Praxis**: Die Verteidigung des Beklagten gegen eine Klage und das klageabweisende Urteil sind umso überzeugender, je mehr Gründe sie hierfür benennen. Die Klage hätte ja nur dann Erfolg, wenn sich sämtliche Abweisungsgründe als falsch herausstellen.

b) Nachrangige bejahte Merkmale: Hilfsgutachten?

Spätere bejahte Merkmale sollten Sie **nur in absolut untypischen Fällen ganz, ganz ausnahmsweise ansprechen**. Es müssen schon große Problembereiche und Merkmalgruppen sein, die Sie sich anderenfalls abschneiden würden. Wenn Sie weiterprüfen wollen, dann müssen Sie aber deutlich machen, dass Sie nunmehr ein **Hilfsgutachten** erstellen und dass Sie das zuvor verneinte Merkmal im weiteren Verlauf **als gegeben unterstellen**.

Klausurtaktisch ist das aber oft nicht klug. Der Klausurersteller baut seine Dominosteine in der Regel so auf, dass nach seiner Lösungsvorstellung keine großen Problembereiche abgeschnitten werden, sondern dass man **erst am Ende oder gar nicht „herausfliegt"**. Weshalb sollte er sich auch die Arbeit machen, einen an mehreren Stellen problembehafteten Sachverhalt zu erstellen, der dessen Prüfung schon beim ersten Problem endet? Gehen Sie also

Ihre Lösung nochmals durch: Haben Sie **einen Fehler** gemacht? Oder können Sie zumindest **ein Problem/eine Streitfrage gut vertretbar anders lösen** und so das Hilfsgutachten vermeiden?

Beispiel: Der Anspruch aus § 823 Abs. 1 BGB scheitert dem Grunde nach am fehlenden Verschulden. Der Sachverhalt enthält Angaben, die bei der Schadenshöhe zu diskutieren sind und zu einem Schaden von 100 Euro führen. – Prüfen Sie nochmals, ob sich das Verschulden nicht doch bejahen lässt. Ansonsten müssen Sie die Anspruchshöhe im Hilfsgutachten erörtern.

Klassiker ist ein **Hilfsgutachten zur Begründetheit** einer Klage. Der absolute Schwerpunkt der Klausuren liegt in aller Regel in der Begründetheit. Sie schneiden sich daher große Teile ab, wenn Sie nach der Zulässigkeit aufhören.

Beispiel zum Aufbau: Fragestellung: Wird die Klage Erfolg haben?

A. Hauptgutachten
...
Zulässigkeit der Klage [auch nach sorgfältigster rechtlicher Prüfung und trotz klausurtaktischer Bedenken] im Ergebnis (-), daher hat die Klage keinen Erfolg.

B. Hilfsgutachten
I. Zulässigkeit der Klage wird unterstellt
II. Begründetheit der Klage: Prüfung der materiellen Rechtslage

Keinesfalls dürfen Sie die Zulässigkeit der Klage mit der Begründung offenlassen, dass die Klage jedenfalls unbegründet ist. **Die Rechtskraft eines Urteils wegen Unbegründetheit** (Sachurteil) geht nämlich **weiter als diejenige eines Urteils wegen Unzulässigkeit** (Prozessurteil), vgl. für den Zivilprozess § 320 Abs. 1 ZPO.

Eine **als unzulässig abgewiesene Klage kann erneut erhoben werden** (sinnvollerweise in zulässiger Form, also z.B. beim zweiten Versuch vor dem zuständigen Gericht), eine **als unbegründet abgewiesene Klage hingegen nicht.**

IV. Sachverhaltslücken und Alternativgutachten

In den Ausführungen zum ersten Arbeitsbereich (2. Abschnitt, D.) haben Sie erfahren, dass Sie **Sachverhaltslücken** in gewissem Rahmen durch **Sachverhaltsauslegung** und im Übrigen nach den **Beweislastregeln** schließen sollten. Zu diesem Zweck müssen Sie bereits dort punktuell die **rechtliche Lösung durchdenken**, um dann im Ergebnis **eine einzige Sachverhaltsvariante als gegeben anzunehmen** und diese dann zu begutachten.

Ausnahmsweise ist es aber geschickter, zu **zwei oder mehr Sachverhaltsvarianten** das Gutachten aufzusplitten und zwei oder mehr **parallele, alternative rechtliche Gedankengänge** zu verfolgen. Sie sollten sich bei diesen Passagen aber möglichst **kurz-**

fassen, auf **einzelne Passagen/Merkmale beschränken** und – wenn Sie nicht bereits am Ende der Lösung angelangt sind – möglichst schnell die **Gedankengänge wieder zusammenführen**. Denn dieses Vorgehen erfordert sehr hohe Konzentration und zudem fehlt Ihnen die Zeit, zwei komplette Fälle vollständig nebeneinander zu begutachten. Insbesondere bietet sich das Vorgehen an,

- ◼ wenn ein Umstand zwar noch nicht eingetreten ist, aber **jederzeit eintreten kann**

Beispiel: K hat bei V ein Bild erworben und bezahlt, nun möchte K den Vertrag rückabwickeln. Denkbar ist eine Anfechtung oder ein Rücktritt. K hat aber noch keine Gestaltungserklärung abgegeben (vgl. §§ 143, 349 BGB). – Aus strenger Sicht eines Richters könnten Sie mit einem Satz sowohl Ansprüche wegen Anfechtung (§§ 812 ff. BGB) als auch wegen Rücktritts (§§ 346 ff. BGB) verneinen, denn diese entstehen erst durch die Erklärung. Dann wäre die Klausur aber sofort zu Ende. Daher werden Ihnen derartige Fälle aus Anwaltssicht gestellt (Fallfrage „Was raten Sie Ihrem Mandanten?") Sie müssen dann beide Anspruchsgruppen prüfen, die Ergebnisse vergleichen und K zu der Erklärung raten, die ihm größere Vorteile bringt.

- ◼ oder wenn der **Sachverhalt nur bedingt konkret** ist, insbesondere bei einer **Anspruchshöhe**. Sie müssen nicht schlauer sein als der Sachverhalt und können diesen nur soweit rechtlich detailliert begutachten, wie er tatsächliche Details enthält.

Beispiel: A hat den Computer des B zerstört. Sie sind zu dem Ergebnis gekommen, dass B von A für jeden Tag ohne Computer Schadensersatz verlangen kann. Der Sachverhalt teilt Ihnen aber nicht mit, seit wann der Computer defekt ist, und wann B einen neuen Computer erhalten wird. – Nach allgemeinen Beweislastregeln muss A zwar nur den von B erwiesenen Schaden ersetzen. Es wäre aber nun falsch, B keinen Schadensersatz zuzusprechen. Es steht ja fest, dass B (irgend-)ein Schaden entstanden ist, nur nicht in welcher Höhe. Es lässt sich formulieren „Die Höhe des Anspruchs errechnet sich aus der Anzahl der Tage des B ohne Computer multipliziert mit den Ausfallkosten pro Tag. Die für eine konkrete Berechnung erforderlichen Tatsachen sind im Sachverhalt nicht enthalten."

V. Sachverhaltsabwandlung

Wandelt der Aufgabensteller den Sachverhalt ab, so liegt es **klausurtaktisch** sehr nahe, dass die **rechtlichen Lösungen sich (partiell) unterscheiden**. Sonst hätte er sich die Mühe nicht gemacht.

Beispiel: Die Fragestellung lautet: „Welche Ansprüche hat A gegen B und gegen C? Wie ist es, wenn A minderjährig war?" – Der minderjährige A wird andere (wahrscheinlich weitergehende) Ansprüche haben als der volljährige A.

Zweiter Arbeitsbereich: Gedankliche Begutachtung

Überblick	**Ziel:** rechtliche Beurteilung des Falles

4. Schritt

Erfassen der Fallfrage

- **Herausarbeiten der Fragestellung:**
  konkrete Fragestellung herausarbeiten; ggfs. auslegen
- **Aufgliedern der Fragestellung in Teile** (Personen, Ereignisse, Begehren)
- **erste Konsequenzen für den Aufbau der Lösung**

5. Schritt

Sammeln der Rechtsnormen

- **Ermitteln der Rechtsnormen**
  - Vollständigkeit, grundsätzlich Auswahl aller Normen; auch: Gegenteil
  - nur „Abwegiges" aussortieren (Prüfung „möglicher" Normen bringt Punkte)
  - Wissen oder Suchen der Antwortnormen, Gegennormen, Hilfsnormen
  - Suche nach Funktion (Rechtsfolge!, in Gesetz, Sachregister und Sachverhalt)
  - Ideenzettel: Notieren von Vorüberlegungen
- **Ordnen:**
  - Rang; Zweckmäßigkeit;
  - Zivilrecht: Vertrag/Vertragsähnlich/Dinglich/Delikt und Kondiktion

6. Schritt

Rechts-anwendung

- **Normprüfung**
  - Tatbestand prüfen (um festzulegen, inwieweit die Rechtsfolge greift)
  - vorrangiges Merkmal? Sonst alle gleichrangig
  - Vorteile und Nachteile von Prüfungsschemata
- **Anwendungstechniken**
  - Subsumtion des Sachverhalts unter die Definition
  - Auslegung: Wortlaut, Systematik, Sinn und Zweck, Konformität mit höherrangigem Recht, ggf. Historie
  - Lückenausfüllung: Analogie und Rechtsfortbildung
  - Regelungsüberschuss: teleologische Reduktion
  - Meinungsstreit: Einbettung in übliche Methodik, bei Relevanz entscheiden

7. Schritt

Lösungsskizze

- **Regieanweisung und Gedankenstütze** für das Gutachten
- **so wenig Schreibaufwand wie möglich:** Stichworte
- **Ideenzettel auswerten**
- **Gliederung** als Spiegel der systematischen Rechtsanwendung

8. Schritt

Lösungskontrolle

- **Vollständigkeit:** Sachverhalt komplett verarbeitet?
- **Plausibilität und Vertretbarkeit:** keine Widersprüche und gerecht?
- **Überzeugungskraft:** Argumentation und Begründung? Teflonprinzip

Besondere Situationen

- **Schwerpunkte** ermitteln und ausführlich lösen
- **Merkmale offenlassen** bei Alternativität, Kopflastigkeit und notfalls Zeitnot
- **Verneinte Merkmale** i.d.R. ans Ende; auch „mehrbeinige Ablehnung"; vor Hilfsgutachten Lösungsweg hinterfragen
- **Sachverhaltslücken:** Beweislast? sonst ggfs. Alternativgutachten
- **Sachverhaltsabwandlung:** in der Regel Abweichung in der Lösung

G. Zum Beispielsfall

4. Schritt: Erfassen der Fallfrage

Der Sachverhalt enthält als Fallfrage nur „Zu Recht?". Aus den Umständen lässt sich folgende Fragestellung herleiten:

- „Wer": A

- „Von wem": von F

- „Was": Ersatz für die Schäden durch den Biss, also für den Anzug und für körperliche Schäden nebst Schmerzensgeld

- „Warum": Der zur Anspruchsentstehung führende Sachverhalt könnte sich (1.) aus einer vertraglichen Sonderbeziehung aufgrund des Rufes der F „So helfen Sie doch!", (2.) aus dem Trennen der Hunde als tatsächliche Handlung oder (3.) aus dem Biss des Hundes als Verletzungshandlung ergeben.

- „Woraus": Anspruchsgrundlagen könnte im Auftragsrecht (ad 1.), in den Vorschriften zur Geschäftsführung ohne Auftrag (ad 2.) oder im Deliktsrecht (ad 3.) zu finden sein.

5. Schritt: Sammeln (Suchen und Ordnen) der Rechtsnormen

Mögliche Anspruchsgrundlagen, deren Rechtsfolge im weiteren Sinne auf Ersatz gerichtet ist, sind aus dem Auftragsrecht § 670 BGB, aus dem Recht der Geschäftsführung ohne Auftrag §§ 683, 670 BGB und aus dem Deliktsrecht die allgemeine Haftungsnorm des § 823 Abs. 1 BGB sowie die Tierhalterhaftung nach § 833 BGB.

Vertragliche Ansprüche sind vor vertragsähnlichen und diese wiederum vor deliktischen zu prüfen, die Ansprüche sind also in der genannten Reihenfolge zu prüfen.

Als Hilfsnormen könnten insbesondere relevant werden die Vorschriften und Lehren des BGB AT zum Zustandekommen eines (Auftrags-)Vertrags, die §§ 249 ff. BGB zum Umfang des Schadensersatzes und § 276 Abs. 2 BGB zur Definition der Fahrlässigkeit.

6. und 7. Schritt: Rechtsanwendung und Lösungsskizze

Die folgende Lösungsskizze enthält **keine Abkürzungen**, damit Sie sie besser lesen können. Nochmal: In eine echte Skizze sollten Sie so wenig Schreibarbeit wie möglich investieren.

Ersatzansprüche A gegen F

I. **§§ 662, 670**: Einigung? Angebot (der F) = Willenserklärung?
   1. Handlungswille (+)
   2. Rechtsbindungswille?
   (-), Notsituation, F will keine rechtliche Bindung, sondern tatsächliche Hilfe
Ergebnis: Kein Angebot, keine Einigung, kein Auftrag, kein Anspruch

II. **§§ 677 ff., 683 i.V.m. § 670**
   1. fremdes Geschäft (+)
   2. Fremdgeschäftsführungswille (+)
   3. ohne Auftrag (+)
   4. Berechtigung einer GoA, § 683 S. 1
      Interesse (+)
      Wille (+)
   5. Rechtsfolge: § 670, Aufwendungsersatz
      a) Aufwendungen des A? Wortlaut (-) nur freiwillige Vermögensopfer; aber Sinn und Zweck / erst recht auch Schäden als unfreiwillige Vermögensopfer, begleittypisch
      b) materielle Schäden: Körper, Anzug
      c) Schmerzensgeld (§ 253 Abs. 2) str., dafür spricht Kodifizierung
Ergebnis: Anspruch auf Ersatz aller drei Schadensposten

III. **§ 823 Abs. 1**
   1. Rechtsverletzung: Körper und Eigentum des A
   2. Handlung: Spazieren, Hilferuf
   3. Kausalität: Zurechnung (Herausforderungsformel) (+)
   4. Rechtswidrigkeit (+)
   5. Verschulden (–) kein pflichtwidriges Verhalten
Ergebnis: kein Anspruch

IV. **§ 833 S. 1**
   1. Halter = F
   2. Rechtsgutverletzung (+)
   3. typische Tiergefahr: Hunde locken einander an
   4. Pinscher = Luxustier, daher Gefährdungshaftung
   5. Rechtsfolge/Umfang des Ersatzes wie oben, Schmerzensgeld unstr.
Endergebnis: Anspruch aus GoA und aus § 833 S. 1, alle drei Schadensposten

8. Schritt: Lösungskontrolle

Der Sachverhalt wurde vollständig bearbeitet, insbesondere wurde das Begehren und die Interessenlage komplett berücksichtigt.

Die gefundene Lösung muss plausibel, vertretbar und überzeugend sein:

■ Insbesondere ist es nicht grob ungerecht (was für einen Fehler sprechen würde), dass F dem A seine Schäden ersetzen muss, denn A hat die Schäden nur erlitten, weil er F geholfen hat.

- Zudem wird F entlastet, weil A auch einen Anspruch gegen den Halter des Schäferhundes aus § 833 S. 1 BGB haben dürfte. F und der Halter sind Gesamtschuldner, A kann daher beide nach freier Wahl in voller Höhe in Anspruch nehmen (vgl. §§ 840 Abs. 1, 421 BGB). Sollte A sich für F entscheiden, dann kann F vom Halter nach Maßgabe des § 426 Abs. 1 u. 2 BGB Regress nehmen, und zwar wegen dessen weit überwiegender Verantwortung in (nahezu) vollständiger Höhe, vgl. § 254 Abs. 1 BGB.

- Diesen Regress kann F zwar nur durchsetzen, wenn sich der Halter noch ermitteln lässt, anderenfalls bleibt F auf dem Schaden alleine sitzen. Das mag man nicht für die optimale Lösung halten und der Gesetzgeber hätte das anders regeln können. Es ist aber auch nicht grob ungerecht, den Vermögensschutz des Helfenden (hier: A) über den Schutz des Hilfeempfängers (hier: F) zu stellen und dadurch dem Hilfeempfänger das Insolvenzrisiko des anderen Schädigers (hier: des unbekannten Halters) aufzubürden, denn nur so kann Zivilcourage gefördert werden.

Die Lösung lässt sich also gut begründen und fügt sich in die Rechtsordnung ein. Alles „passt", es gibt keinen Korrekturbedarf.

4. Abschnitt: Dritter Arbeitsbereich: Verschriftlichung (juristische Schreibtechnik)

Nun müssen Sie Ihre Lösung **als Gutachten verschriftlichen**.

Lesen Sie zuvor nochmals den **kompletten Sachverhalt** durch.

A. Anfertigung des Gutachtens (9. Schritt)

Der Prüfer erfährt von Ihren gedanklichen Vorarbeiten unmittelbar nichts, er sieht und **bewertet nur das Gutachten**. Es ist daher absolut essentiell, dass Sie Ihre **Gedanken geordnet, nachvollziehbar und überzeugend zu Papier bringen**. Anders als in einem Prüfungsgespräch kann der Prüfer keine Nachfragen stellen, daher muss das Gutachten **aus sich heraus verständlich** sein.

Bei allen folgenden Hinweisen ist es müßig, danach zu fragen, ob ihre Nichtbeachtung zu Punktabzug führen muss, kann oder überhaupt darf. Jedenfalls verhindert ihre Beachtung einen **schlechten Gesamteindruck**, der sich unterschwellig auf die Note auswirken kann. Es kostet wesentlich weniger Zeit, Nerven und Geld, ein ansprechendes Gutachten zu erstellen, als im Nachhinein mit dem Prüfungsamt um die Rechtmäßigkeit der Benotung zu streiten.

I. Optische Übersichtlichkeit: Der erste Eindruck

Der Prüfer soll direkt über die Inhalte Ihres Gutachtens nachdenken. Sie müssen daher den **Inhalt** des Gutachtens **ansprechend präsentieren**. Es gilt, jeden Stolperstein zu vermeiden, der die Aufmerksamkeit des Prüfers vom Inhalt ablenkt bzw. es sogar verhindert, dass der Prüfer überhaupt bis zum Inhalt vordringt. Der optische Eindruck muss beim Prüfer eine **positive Grundstimmung** hervorrufen, **bevor** er überhaupt **mit dem Lesen beginnt**.

In der Regel korrigieren Prüfer die Klausuren **nebenberuflich**, also unter Verzicht auf Freizeit und oft abends oder am Wochenende. Die **Vergütung erfolgt pro Klausur**, Zeit ist also Geld. Versetzen Sie sich in diese Situation herein und gestalten Sie Ihr Gutachten so, wie Sie es selbst gerne korrigieren würden.

1. Lesbarkeit

Sie benötigen daher zwar keine preisverdächtige, aber eine einigermaßen **lesbare**, jedoch zugleich **schnelle Handschrift**. Diese hängt auch davon ab, welches **Schreibgerät** Sie verwenden, daher sollten Sie verschiedene Stifte ausprobieren und auf einen leichtgängigen Stift achten. In den Examensklausuren gilt es zudem, die enorme physische Belastung mehrerer fünfstündiger Klausuren ohne Sehnenscheidenentzündung zu überstehen. Sie sollten daher einen Stift finden, der Ihnen gut in der Hand liegt und ggf. zwischen verschiedenen Stiften während der Klausur wechseln. Beachten Sie aber bei alledem, dass die Art des Stifts von Ihrer Universität bzw. Ihrem Prüfungsamt **zugelassen** sein muss.

Beschreiben Sie die Blätter **nur einseitig**, dann kann der Korrektor sie besser durchblättern und der Stift „drückt nicht durch". Schreiben Sie **nicht auf dem Korrekturrand** (näher im 6. Abschnitt).

2. Nachvollziehbarkeit: Gliederung, Überschriften, Absätze

Die **Gliederung**, die Sie in der Lösungsskizze ausgearbeitet haben, müssen Sie ins Gutachten **übernehmen**, damit nicht nur Sie, sondern auch der Prüfer von ihr profitieren. **Einrückungen** der einzelnen Gliederungsziffern sollten Sie allerdings **nicht** vornehmen. Das würde zwar die Übersichtlichkeit theoretisch steigern, angesichts des ohnehin schon üppigen Korrekturrands hätten Sie dann aber in den unteren Gliederungsebenen kaum noch Platz zum Schreiben.

Überschriften sollten Sie nur **in den obersten ein bis zwei Gliederungsebenen** verwenden. Es trägt nicht zur Übersichtlichkeit bei, jeden kleinsten Absatz mit einer Überschrift zu versehen, sondern es zeugt im Gegenteil von mangelnder Schwerpunktsetzung und wirkt unbeholfen und anfängerhaft. Ferner ist es in den unteren Gliederungsebenen mitunter gar nicht so leicht, eine wirklich passende Überschrift zu finden. Entscheidend aber ist, dass **Überschriften keine Sätze, also insbesondere keine Obersätze ersetzen**. Sparen Sie sich also die Überschrift und investieren Sie die Schreibzeit in einen ordentlichen Obersatz, den Sie direkt hinter der Gliederungsziffer beginnen lassen.

Positives Beispiel:
„A. Erster Tatkomplex: Der Spaziergang
I. Strafbarkeit des B
1. B könnte sich gemäß § 223 Abs. 1 BGB wegen Körperverletzung strafbar gemacht haben, indem er dem J Zigarettenrauch ins Gesicht blies."
a) B müsste J an der Gesundheit geschädigt haben. Das erfordert... "

Negatives Gegenbeispiel:
„2. Rechtswidrigkeit
Die Tat des B war auch rechtswidrig.
3. Schuld
B handelte auch schuldhaft."

Die Übersichtlichkeit können Sie viel besser herstellen, indem Sie viele **Absätze** setzen, und zwar mit einer **freien Zeile** – nach großen Sinnabschnitten auch zwei oder drei Zeilen. Sie zeigen damit dem Prüfer, dass Ihr Gedankengang endet. Bei längeren Ausführungen sollten Sie auch **innerhalb eines Gliederungspunktes** Absätze machen, z.B. nach Argumenten oder Argumentgruppen.

Beispiel:
„d) Zweifelhaft ist aber, ob B den Gewinn auch i.S.d. § 816 Abs. 1 S. 1 BGB ‚durch die Verfügung' erlangt hat.

Dagegen spricht zwar eine dogmatisch-systematische Betrachtung ...

Der Wortlaut der Norm hingegen ... Auch der Sinn und Zweck des § 816 Abs. 1 S. 1 BGB spricht für ..."

Mithin hat B den Gewinn durch die Verfügung erlangt."

Verwenden Sie insbesondere zu Beginn der Absätze **Schlüsselwörter**, die dem Leser signalisieren, **in welche Richtung der Gedanke geht**. Insbesondere sollte aus diesen Wörtern erkennbar sein, ob der bisherige Gedanke fortgeführt und verstärkt, eingeschränkt oder widerlegt wird.

Beispiele für eine Fortführung: „erstens/zweitens/ drittens", „weiterhin", „außerdem", „zudem", „darüber hinaus", „ferner", „schließlich"

Beispiele für eine Einschränkung: „allerdings", „einschränkend", „zugegebenermaßen"

Beispiele für einen Widerlegung „aber" (nach einem „zwar" im vorherigen Satz bzw. Absatz), „jedoch", „dagegen", „im Gegenteil", „andererseits" (nach einem „einerseits" im vorherigen Satz bzw. Absatz), „hingegen"

II. Allgemeine sprachliche Anforderungen

Wenn die Lösungsskizze die nur für Sie selbst bestimmte Regieanweisung ist, dann ist das Gutachten das Theaterstück oder der Film, den Sie den Zuschauern zeigen wollen. Es gelten daher zunächst **dieselben Regeln und Konventionen wie für jeden für Dritte geschriebenen Text**, wenn auch modifiziert und ergänzt durch die eine oder andere juristische Besonderheit.

Adressat Ihres Gutachtens ist der **Prüfer**, für ihn müssen Sie schreiben. Dieser stellt sich hinsichtlich der konkreten Falllösung **zwar unwissend**, er ist **aber** im Übrigen **nicht dumm**. Fachlich falsche Ausführungen findet er nicht erfreulich, aber richtigen Ärger rufen Sie bei ihm mit überlangen, sprachlich verkrampften, nicht nachvollziehbaren und einschläfernden Ausführungen hervor. Ihr Gutachten sollte daher nicht nur fachlich vertretbar sein, sondern auch **verständlich und knapp** sowie im Idealfall sogar etwas **spannend und lesenswert**.

1. Keine Abkürzungen und keine Stichworte

Im Gegensatz zur Sachverhalts- und zur Lösungsskizze sollte Ihr Gutachten **keine Abkürzungen** juristischer Wörter enthalten. Dies stört den Prüfer im **Lesefluss**. Zudem droht die **Gefahr**, dass eine **mehrdeutige Abkürzung** falsch verstanden wird. Allgemeinsprachliche Abkürzungen sind erlaubt. Wenn Sie aus Zeitnot ausnahmsweise einzelne (!) Worte abkürzen wollen, dann sollten Sie die Abkürzung bei der ersten Verwendung definieren.

Beispiel: „usw." und „Pkw" sind erlaubt, „VA" anstatt „Verwaltungsakt" hingegen besser nicht. Wenn es sein muss, dann: „Verwaltungsakt (im Folgenden: VA)".

Gesetzesabkürzungen dürfen und sollen Sie verwenden. Wenn Sie (fast) ausschließlich aus einem bestimmten Gesetz zitieren, dann dürfen Sie nach der ersten Nennung der Abkürzung diese auch weglassen, wenn Sie darauf mit einer „Fußnote" hinweisen.

Beispiel: „Normzitate ohne Kennzeichnung beziehen sich auf das StGB."

Auch **„Absatz", „Satz"** usw. dürfen Sie mit **„Abs.", „S."** usw. abkürzen. Die bloße Darstellung durch römische und arabische Ziffern sollten Sie hingegen auf die Lösungsskizze beschränken und sie im Gutachten zugunsten der optischen Übersichtlichkeit vermeiden.

Beispiel: besser „§ 812 Abs. 1 S. 1 Var. 1" anstatt „§ 812 I 1 1"

Stichworte anstatt ganzer Sätze **sind tabu**, im Gegensatz zur Lösungsskizze. Der Leser erwartet vollständige Sätze, die mindestens ein Subjekt und ein Prädikat haben. Nur in der allergrößten Zeitnot können Sie ausnahmsweise in den letzten Minuten der Bearbeitungszeit einzelne Stichworte nutzen, um das Gutachten rechtzeitig zu beenden. Ein **einfacher feststellender Satz** ist aber auch dann **vorzugswürdig** und kostet kaum mehr Schreibzeit.

Beispiel: besser „T handelte rechtswidrig." anstatt „Rechtswidrigkeit (+)"

2. Rechtschreibung, Grammatik, Zeichensetzung, Wortbedeutung und -sinn, Sprachgefühl

Selbstverständlich muss Ihr Gutachten die **allgemeinen Sprachregeln der Orthographie, Interpunktion und Grammatik** wahren. In der Klausur haben Sie keinen Duden und kein Rechtschreibprogramm, daher müssen Sie diese Regeln **beherrschen oder erforderlichenfalls üben**. Über den ein oder anderen Fehler sieht der Prüfer zwar hinweg, aber gehäufte Fehler können zu Punktabzug führen und beeinträchtigen den Gesamteindruck.

Das gilt übrigens ohne Abstriche auch, falls **Deutsch nicht Ihre Muttersprache** sein sollte. Ihre Prüfer beherrschen Deutsch auf Muttersprachniveau und Ihr Gutachten wird mit den Gutachten von Muttersprachlern verglichen. Es wird erwartet, dass Sie sich später vor den Gerichten verständlich machen können, und die Gerichtssprache ist gemäß § 184 S. 1 GVG deutsch.

Es wiegen hier aber auch einzelne Fehler schwer, wenn diese sich **auf den Sinn und die Verständlichkeit auswirken**.

Beispiel: „Komm wir essen Oma." hat eine ganz andere Bedeutung als „Komm wir essen, Oma."

Beispiel: „Martin gibt die Fackel, die er angezündet hatte, an Anja." meint etwas anderes als „Martin gibt die Fackel an Anja, die er angezündet hatte."

Beispiel: Ein „viel versprechender" Politiker ist nicht zwingend auch „vielversprechend".

Insbesondere **Konjunktionen und andere Bindewörter** müssen Sie dem Sinn entsprechend einsetzen.

Beispiel: Wenn in einem Satz „zwar" auftaucht, dann sollte darauf ein Satz mit „aber" folgen, und dieser Satz sollte eine Aussage treffen, die im Gegensatz zum ersten Satz steht.

Beispiel: Es macht einen Unterschied, ob man eine Party besucht, „weil" dort auch Thomas zu Gast ist, oder „obwohl" er dort zu Gast ist.

Benutzen Sie **Synonyme**, um den Text abwechslungsreicher zu gestalten. Das gilt insbesondere für **Konjunktionen** und **Verben**.

Beispiel: „sagen", „meinen", „ausführen", „erörtern"

Beispiel: „ferner", „außerdem", „darüber hinaus", „zudem"

Die Darstellung aller **Sprachregeln** kann dieses Lernbuch nicht ansatzweise leisten, dafür gibt es **andere Werke**. Die **Sprachbeherrschung** und das **Sprachgefühl** entwickeln sich ohnehin nur durch **Üben** fort, egal welche Fähigkeiten Sie in der Schulzeit erworben haben. Es ist daher wichtig, dass Sie fortlaufend – bitte auf entsprechendem Niveau – **Texte verfassen** und **Texte lesen**.

Sprachliche Unklarheiten deuten auf gedankliche Unklarheiten hin. Wer nicht präzise und treffend formulieren kann, der kann auch nicht präzise und treffend denken. Die Schulung Ihres Formulierungsvermögens kommt also Ihrem Denkvermögen für den zweiten Arbeitsbereich zugute.

Beispiel: Wer keinen Unterschied darin erkennt, ob „dieselbe" oder „die gleiche" Sache zurückgegeben werden muss, der kann den Unterschied zwischen Leihe (§ 604 BGB) und Sachdarlehen (§ 607 BGB) nicht erfassen.

Beispiel: Wer den Unterschied zwischen „können", „dürfen", „müssen" und „sollen" versteht, der vermag nicht zwischen Fähigkeit, Pflicht, Obliegenheit und Recht, zwischen Auftrag und Vollmacht oder zwischen freiem Ermessen, intendiertem Ermessen und gebundener Entscheidung zu differenzieren.

3. Fremdwörter, Sprachniveau und Fachbegriffe

Vermeiden Sie **Fremdwörter**.

Beispiel: Es wird keine „Deadline" gesetzt, sondern eine „Frist".

Schreiben Sie auf **normalem schriftsprachlichen Niveau**. Verzichten Sie also sowohl auf altsprachliche Schnörkel als auch auf mündliche Umgangssprache nebst neumodischer Floskeln.

Beispiel: Es mäandert nicht der Quelle Frucht durch den lichten Hain, sondern der Fluss fließt durch den Wald.

Beispiel: Ein Argument ist nicht Quatsch, sondern es überzeugt nicht.

Feststehende Fachbegriffe sind hingegen erlaubt und gewollt, auch wenn sie aus einer anderen Sprache stammen. Der Prüfer als Adressat des Gutachtens ist vom Fach, und **unter Fachleuten erleichtern Fachbegriffe die Kommunikation**. Zudem liest der Prüfer oft Ihre Klausur nicht Wort für Wort, sondern er **überfliegt** sie nur. Die Fachbegriffe binden seine Aufmerksamkeit und zeigen ihm als **Schlüsselwort** auf einen Blick, worum es im jeweiligen Absatz geht. Sie sollten diese Begriffe daher **besonders leserlich** schreiben, damit Sie dem Prüfer leichter auffallen.

Beispiele: „self-executing Norm"; „cessio legis"; „in dubio pro reo"; „Rechtsbindungswille"; „Akzessorietät"; „Erlaubnistatbestandsirrtum"

Wichtig ist aber, dass **Fachbegriffe nicht die Begründung mit Sachargumenten ersetzen und auch nicht die methodisch korrekte Definition und Subsumtion**. Insofern stellt der Prüfer sich unwissend. Sie müssen ihm erklären, was sich hinter dem Begriff verbirgt. Den Fachbegriff nennen Sie nur als „Sahnehäubchen" und um den eilig lesenden Prüfer einzufangen.

Beispiel:
Falsch ist daher „Es könnte ein Angebot vorliegen. Die Auslage im Schaufenster ist eine invitatio ad offerendum, daher liegt kein Angebot vor."
Korrekt ist vielmehr „Es könnte ein Angebot vorliegen. Als Willenserklärung erfordert dies insbesondere Rechtsbindungswillen des V, d.h. aus objektiver Sicht den Willen, sich mit allen Vor- und Nachteilen rechtlich zu binden. V wollte nicht das Risiko eingehen, mehr Kaufverträge abzuschließen, als er Staubsauger auf Lager hatte. Daher wollte V aus objektiver Sicht durch die Auslage im Schaufenster lediglich Kaufinteressenten zur Angebotsabgabe auffordern (sog. invitatio ad offerendum), sich selbst aber nicht rechtlich binden. V hatte somit keinen Rechtsbindungswillen, also liegt kein Angebot vor."

4. Einfach statt kompliziert: Satzlänge, Passiv, Substantivierungen, Verneinungen

Ihre Ausführungen müssen **fachlich und sprachlich präzise** sein. Es ist aber ein weitverbreiteter Irrglaube, dass dies nur durch komplizierte Formulierungen gelingt. Das Gegenteil ist der Fall: Gerade fachlich komplexe Texte lassen sich leichter verfassen und leichter lesen, wenn sie **sprachlich relativ einfach** gehalten sind.

Sie sollten daher **relativ kurze Sätze** formulieren. Halten Sie sich an die Grundregel: **Pro Aussage ein Satz**. Ein Semikolon sollten Sie daher nur ganz ausnahmsweise setzen. Kommata dürfen Sie natürlich benutzen, aber mehr als zwei bis drei pro Satz sollten Sie vermeiden. Vermeiden Sie aber umgekehrt auch mehrere sehr kurze Sätze ohne jedes Komma, das wirkt sehr hektisch. Die **wichtige Kernaussage** sollte möglichst **am Anfang** des Satzes stehen, insbesondere bei langen Sätzen.

Als **Beispiel** dient der vorherige Absatz selbst.

Sie sollten **Verben grundsätzlich** im **Aktiv** verwenden. Falls Sie das **Passiv** verwenden, dann mit **Nennung des Objekts** (also der handelnden Person), damit nicht offenbleibt, wer gehandelt hat. Ein bewusster Wechsel zwischen beiden Formen kann dann durchaus geschickt wirken, denn mit dem Aktiv betonen Sie den Handelnden und mit dem Passiv das Objekt der Handlung.

Beispiel: Entweder „X hat den Garagenbau genehmigt.", wenn Sie betonen wollen, dass nicht etwa Y genehmigt hat. Oder „Der Garagenbau wurde von X genehmigt.", wenn wichtig ist, dass der Bau des Tennisplatzes hingegen nicht genehmigt wurde. Keinesfalls aber „Der Garagenbau wurde genehmigt.", denn dann ist nicht klar, ob X oder Y genehmigt hat.

Sie sollten **Verben grundsätzlich nicht substantivieren**, d.h. sie mit der Endung „-ung" zu einem Substantiv machen. Es entsteht dadurch ein holpriges Behördendeutsch. Ferner wird der Text länger, denn der Satz benötigt ein neues, oft weniger präzises Verb. **Allgemein gebräuchliche Substantivierungen** können Sie hingegen verwenden, und Sie sollten sie verwenden, wenn es sich bei Ihnen um **Fachwörter** oder **Schlüsselwörter**

Beispiel: „Die Erteilung der Genehmigung wurde von X vorgenommen." ist sprachlich furchtbar. Besser „Die Genehmigung wurde von X erteilt." Das lässt sich weitergehend kürzen zu „Es wurde von X genehmigt." oder noch kürzer im Aktiv „X genehmigte". „Genehmigung" ist allerdings ein allgemein und auch vielfach im Gesetz (vgl. § 184 BGB) verwendetes Wort, so dass seine Verwendung [Substantivierung bewusst benutzt] erträglicher ist als „Erteilung".

Beispiel: Im Rahmen des § 28 VwVfG sollten Sie „Die Anhörung des B durch X ist erfolgt." anstatt „X hat B angehört." schreiben, weil der Prüfer nach dem Schlüsselwort „Anhörung" oft regelrecht sucht.

Doppelte Verneinungen sollten Sie in der Regel **vermeiden** und zu einer bejahenden Aussage auflösen, wenn Sie den **Sachverhalt** beschreiben. Soweit sie die **rechtlichen Merkmale** einer Norm beschreiben, ist aber Vorsicht geboten, weil im Einzelfall eine **Sinnverfälschung** droht, insbesondere bei eine **Beweislastumkehr**.

Beispiel: Die „nicht unüberwindbare" Mauer ist eine „überwindbare Mauer".

Beispiel: Nach § 280 Abs. 1 S. 2 BGB wir Schadensersatz „nicht [geschuldet], wenn der Schuldner die Pflichtverletzung nicht zu vertreten hat." Der Anspruch besteht also nur dann nicht, wenn sich aus dem Sachverhalt ergibt, dass den Schuldner kein Vertretenmüssen trifft. Der Schuldner trägt die Beweislast für seine Exkulpation. Wenn man formuliert „Schadensersatz wird geschuldet, wenn der Schuldner die Pflichtverletzung zu vertreten hat", dann bestünde der Anspruch nur, wenn sich aus dem Sachverhalt ein Vertretenmüssen des Schuldners ergibt. Der Gläubiger trüge die Beweislast für das Vertretenmüssen.

5. Sachlichkeit

Der **Gedankengang eines Juristen darf nur von sachlichen Erwägungen bestimmt** werden. Das muss sich in seiner Sprache ausdrücken.

Gegen das Gebot der Sachlichkeit verstoßen **Übertreibungen** sowie **Polemik**. Letztere ersetzt ferner – wie auch Schlagwörter – nicht die Begründung einer Aussage mit Sachargumenten.

Beispiele: zweifellos; offensichtlich; der arme Verbraucher; die übermächtigen Konzerne

Moralische Werte wie Gerechtigkeit, Billigkeit, Rechtsgefühl, Vernunft oder der gesunde Menschenverstand sind **unmittelbar nicht** zur Argumentation geeignet. Jeder Mensch hat andere subjektive Wertvorstellungen, das Gesetz legt aber im Gegenteil **objektive Werte** fest und nur diese **sind maßgeblich**.

Auch aus **rechtshistorischen Gründen** müssen Sie insbesondere im Strafrecht mit Wertbegriffen sehr vorsichtig sein. Im Dritten Reich machte sich nämlich nicht nur derjenige strafbar, der gegen die Strafgesetze verstieß, sondern auch, wer „nach dem Grundgedanken eines Strafgesetzes und **nach gesundem Volksempfinden Bestrafung verdient**." (sic!). Als Reaktion wurden Art. 20 Abs. 3, 103 Abs. 2 GG und § 1 StGB eingeführt, um dies zu verhindern: **Normen**, insbesondere Strafnormen, müssen **hinreichend bestimmt** sein.

Mittelbar können und müssen Sie derartige Werte aber beachten, soweit das **Gesetz** oder die anerkannte **Definition** dies verlangt.

Beispiel: § 242 BGB stellt die gesamte Rechtsordnung unter das Prinzip von Treu und Glauben.

Beispiel: Ein sonstiger niedriger Beweggrund i.S.d. § 211 Abs. 2 StGB wird anerkanntermaßen im Wesentlichen definiert als ein nach „allgemeiner sittlicher Wertung" auf tiefster Stufe stehendes Motiv, das „besonders verwerflich" ist.

Beispiel: „Öffentliche Ordnung" i.S.d. Ordnungsgesetze der Länder wird von der h.M. im Wesentlichen definiert als Gesamtheit der „ungeschriebenen Regeln", die nach „vorherrschender Auffassung unerlässliche Voraussetzung für ein geordnetes Gemeinschaftsleben" sind. Manche halten den Begriff übrigens wegen Verstoßes gegen das Bestimmtheitsgebot für verfassungswidrig.

Auch **Ironie, Spott und Witz** sowie **Phrasen und Modewörter** tragen nicht zur Sachlichkeit bei.

Beispiele: „die vollschlanke Käuferin"; „ich würde sagen"; „cool"

Rein **faktische Argumente** haben **keinen Wert**, denn es geht gerade nicht darum, das zu beurteilen, was faktisch ist, sondern **was nach dem Gesetz sein soll/muss/kann/darf**.

Beispiel: Es wäre **grob falsch**, in einer innerstädtischen Autofahrt mit 60 km/h keinen Verstoß gegen § 3 Abs. 3 S. 1 Nr. 1 StVO zu sehen, weil ohnehin die meisten Verkehrsteilnehmer 10 km/h zu schnell fahren.

Die Sachlichkeit leidet ferner, wenn die **eigene Meinung** überbetont oder eine **Autorität** in den Vordergrund gestellt wird. Entscheidend für die Sachlichkeit ist **alleine das Sachargument**.

Beispiel: Anstatt „Wie schon der berühmte Professor Dr. Dr. mult. NN zu Recht gesagt hat..." oder „Ich bin aus guten Gründen dafür ..." besser „Dafür spricht das Rechtsstaatsprinzip."

Der Fall spielt grundsätzlich in seinem eigenen **zeitlosen Paralleluniversum**, auch wenn deutsches Recht gilt. **Politische Ereignis-**

se sollten Sie daher nur nennen, wenn der Sachverhalt sie **explizit anführt** oder wenn sie der **historischen Auslegung** dienen.

Beispiel: Der Sacherhalt beginnt mit „Angesichts der zu hohen Feinstaubwerte beschließt die Stadt Münster ...".

Beispiel: Bei der **historischen Auslegung** des § 315d StGB dürfen Sie ausführen, dass die Norm als Reaktion auf eine Häufung illegaler innerstädtischer Autorennen mit Todesopfern in den 2010-er Jahren geschaffen wurde, um Strafbarkeitslücken zu schließen. Bei der **Subsumtion** unter die Fahrlässigkeit nach § 315d Abs. 4 StGB dürfen Sie hingegen **nicht** schreiben, dass angesichts dieser Ereignisse und der Presseberichte darüber für den Täter die Gefahr für Unbeteiligte erkennbar gewesen sein muss. Für das innere Vorstellungsbild des Täters sind alleine die Sachverhaltsangaben relevant. Wenn dort nicht steht, dass der Täter bestimmte Ereignisse kennt, dann kennt er sie auch nicht.

Dementsprechend dürfen Sie Personenbezeichnungen des Sachverhalts auch nicht um **reale Namen** ergänzen.

Beispiel: Schreiben Sie „der Bundespräsident" oder (wenn er im Sachverhalt so genannt wird) „Bundespräsident B", aber **nicht** „Bundespräsident Steinmeier".

III. Schwerpunktsetzung durch Schreibstil

Im zweiten Arbeitsbereich haben Sie die kleineren und größeren **Schwerpunkte** Ihrer Lösung festgelegt. Nun gilt es, dem Prüfer diese Überlegungen zu präsentieren, aber nicht durch eine ausdrückliche Kennzeichnung nach dem Motto „Jetzt wird der Vorsatz geprüft, ein Schwerpunkt des Falls". Vielmehr verdeutlichen Sie alleine durch **die Wahl des Schreibstils und die Länge der Ausführungen**, wie problematisch ein Punkt ist. Es gilt also auch hier: **Die Problemdichte steuert die Darstellungstiefe**.

- Die **besonders problembehafteten Schwerpunkte** stellen Sie im **ausführlichen Gutachtenstil** dar.

- Für die kleineren, **etwas problematischen „Schwerpünktchen"** verwenden Sie den **verkürzten Gutachtenstil** oder den **verkürzten Urteilsstil**. Der verkürzte Gutachtenstil steht dabei tendenziell für einen etwas stärkeren Problemgrad als der verkürzte Urteilsstil, der Übergang ist insofern aber fließend.

- Für absolut **Unproblematisches**, also Punkte, die Sie in erster Linie der Vollständigkeit halber ansprechen, wählen Sie die schlichte **Feststellung**.

Es ist ein weitverbreiteter Irrglaube, dass in einem Gutachten nur Gutachtenstil verwendet werden dürfte. Sie müssen auch im ersten Examen und sogar bei Semesterabschlussklausuren **ab dem ersten Semester verkürzten Urteilsstil und Feststellungen ver-**

wenden. Sonst können Sie Ihr Gutachten nicht innerhalb der **Bearbeitungszeit** fertigstellen, und nur so können Sie die **Schwerpunktsetzung** verdeutlichen. Es ist nicht nur falsch, Problematisches kurz zu behandeln, sondern es ist auch **falsch, Unproblematisches ausführlich darzustellen**.

Der **ausführliche Urteilsstil** hat hingegen in der Tat nichts in einem Gutachten zu suchen, sodass Sie ihn **bis zum ersten Examen nicht benötigen**. Die Gerichte verwenden den ausführlichen Urteilsstil für die ausführliche Begründung bei problembehafteten Schwerpunkten. In einem Gutachten muss hierfür aber natürlich der ausführliche Gutachtenstil benutzt werden.

1. Ausführlicher Gutachtenstil

Der ausführliche Gutachtenstil enthält die **vier Schritte**, die bereits im zweiten Arbeitsschritt bei der Subsumtion (s. S. 49) vorgestellt wurden. Zur Erinnerung und Ergänzung:

- **These:** „Könnte-Satz", Benennung des zu prüfenden Merkmals

  Beispiel: „A müsste/könnte den B i.S.d. § 123 Abs. 1 Var. 1 BGB getäuscht haben."; „Gemäß § 123 Abs. 1 Var. 1 BGB müsste A den B getäuscht haben."; „Nach § 123 Abs. 1 Var. 1 BGB müsste eine Täuschung des B durch A vorliegen/gegeben sein." – Auch hier gilt: Formulierungen wechseln.

- **Obersatz**: allgemeine Definition

  Beispiel: „Täuschung ist jedes Vorspiegeln, Entstellen oder Unterdrücken von Tatsachen. Tatsachen wiederum sind objektiv nachprüfbare und konkrete Begebenheiten, Ereignisse und Zustände."

- **Untersatz**: Benennung des konkreten Sachverhalts und Unterordnung (Subsumtion) desselben unter die Definition

  Beispiel: „A hat die Frage des B nach der Unfallfreiheit des Pkw verneint, obwohl der Pkw im Mai vergangenen Jahres auf einen anderen Pkw mit erheblicher Geschwindigkeit aufgefahren war. Die Unfallfreiheit eines Pkw ist ein Zustand, der objektiv durch eine (fachmännische) Besichtigung und Prüfung des Pkw nachprüfbar ist."

- **Schlussfolgerung**: Ergebnis

  Beispiel: „Folglich hat A dem B eine objektiv nicht gegebene Tatsache vorgespiegelt. Mithin hat A den B getäuscht."

a) Obersatz

Nennen Sie **nicht** in einer Art **Vorspann** zunächst **alle Merkmale** der Norm, bevor Sie mit der konkreten Prüfung des ersten Merkmals beginnen. Das ist **unnötige Schreibarbeit**, vor allem bei Normen mit vielen Merkmalen. Ferner wirkt ein solcher Vorspann sehr **unbeholfen**, wenn er alle fünf Merkmale benennt, aber bereits das erste Merkmal nicht vorliegt.

Seien Sie im Obersatz **sehr sparsam** mit den Wörtern **„fraglich"** und **„problematisch"**. Nehmen Sie diese nur bei den wirklichen Hauptproblemen des Falls. Insofern „vergisst" der Prüfer nämlich, dass er sich eigentlich unwissend stellen sollte. Für ihn als gestandenen Juristen ist daher der Klausurfall zwar nicht trivial, aber eben auch nicht der komplizierteste Fall seiner bisherigen Karriere. Vieles ist daher für den Prüfer nicht fraglich. Sie zeigen bereits durch die Wahl des ausführlichen Gutachtenstils, dass die anstehende Prüfung des Merkmals nicht ganz unkompliziert ausfallen wird.

Das gleiche gilt, wenn auch in abgeschwächter Form, für **„zweifel-haft"**. Wenn Sie einen Obersatz mit einem Wort aus dieser Gruppe einleiten wollen, dann nehmen Sie am besten **„entscheidend"**, wenn es sich um das **letzte Merkmal** handelt.

Beispiel: „...T handelte mithin rechtswidrig. Entscheidend für seine Strafbarkeit ist daher, ob er auch schuldhaft handelte...."

Ein Obersatz hat folgenden **Inhalt**:

- Im Zivilrecht **Gläubiger, Schuldner und Inhalt des Anspruchs** (Wer, von Wem, Was), im Strafrecht die Bezeichnung des **Straftatbestands,** des/der **Täter(s)** sowie ggf. des/der **Opfer(s)** und im öffentlichen Recht die beteiligten **Personen/Behörden** sowie die vorgeschriebene/begehrte **Handlung bzw. Rechtsfolge.**

- Eine **Norm**, um zu belegen, woraus sich ergibt, dass die genannte **Voraussetzung geprüft werden muss**. Das sind in der Regel die Hauptnormen, also Anspruchsgrundlagen (Woraus), Straftatbestände und Ermächtigungsgrundlagen.

- Wenn der Obersatz die rechtliche Prüfung einer **Handlung** einleitet, auch diese Handlung, insbesondere wenn mehrere Handlungen in Betracht kommen. Dadurch machen Sie sich selbst und auch dem Prüfer klar, **was Sie überhaupt prüfen**. Es ist ein grober, aber leicht zu vermeidender Fehler, wenn Sie zunächst die Angebotsabgabe durch den Brief vom Mittwoch prüfen, aber dann mitten in der Prüfung plötzlich auf die E-Mail vom Freitag abstellen. Das Wort der Wahl ist hierbei **„indem"**.

  Beispiel: „T könnte sich gemäß § 223 Abs. 2 StGB strafbar gemacht haben, indem er den Stein warf."

  Beispiel: „K könnte ein Angebot abgegeben haben, indem er dem V am Dienstag eine SMS schickte."

Jedenfalls die **ersten Obersätze** Ihres Gutachtens sollten **klausurtaktisch im „Könnte-Konjunktiv"** stehen und auch im Übrigen

mustergültig sein. Sie geben damit Ihre **Visitenkarte** ab. Gerade zu Beginn des Gutachtens achtet der Prüfer genau darauf, ob Sie die klassischen Konventionen einhalten. Wenn Sie ihn überzeugt haben, dass Sie die Grundtechnik beherrschen, dann können Sie im weiteren Verlauf des Gutachtens die Formulierungen auch einmal variieren, aber bitte ohne in der Sache ungenau zu werden.

Insbesondere können Sie die **ersten beiden Schritte (These und Obersatz)** auch **zusammenfassen**, indem Sie **statt** (nicht: zusätzlich!) **des Konjunktivs einen Konditionalsatz** („wenn"/"sofern"/ "soweit"/"falls") verwenden. Dadurch sparen Sie etwas Schreibarbeit, allerdings müssen alle Merkmale genannt werden.

Beispiel: „A hat B getäuscht, soweit er eine Tatsache vorgespiegelt, entstellt oder unterdrückt hat. Tatsachen sind..." oder noch knapper, dafür aber in der Satzlänge grenzwertig „A hat B getäuscht, soweit er eine Tatsache – also objektiv nachprüfbare und konkrete Begebenheiten, Ereignisse und Zustände – vorgespiegelt, entstellt oder unterdrückt hat."

Gegenbeispiel: Hingegen ist „V hat gegen K einen Zahlungsanspruch aus § 433 Abs. 2 Var. 1, soweit V und K sich über einen Kaufvertrag geeinigt haben." jedenfalls dann falsch, wenn sie danach noch die Nichtigkeit der Einigung oder das Erlöschen des Anspruchs problematisieren wollen.

„Soweit" und **„Sofern"** sind präziser, weil sie auch zum Ergebnis führen können, dass das Merkmal nur teilweise erfüllt ist (**beispielsweise** die Höhe eines Zahlungsanspruchs oder die Zulässigkeit/Begründetheit einer Klage). **„Wenn"** und **„falls"** erlauben nur eine „Alles-oder-Nichts-Lösung". Wenn aber nur eine solche möglich ist, dann sollten sie diese Begriffe nutzen. Schreiben Sie also **beispielsweise** „A beerbt B nach § 1922 BGB, wenn B stirbt.", und **nicht** „A beerbt B, soweit B stirbt."

Die **Kombination von „wenn" und dem Konjunktiv** ist **sprachlich falsch.** Es genügt, dass Sie mit einem Stilmittel verdeutlichen, dass Sie eine These aufwerfen. Schreiben Sie also **nicht** „A könnte B getäuscht haben, wenn A eine Tatsache vorgespiegelt hat.".

b) Definition und Subsumtion

Das Beispiel zur Unfallfreiheit (oben 1.) zeigt, dass durchaus auch ein **mehrstufiges Definieren der Definition eines Merkmals** erforderlich sein kann, bis der **für eine Subsumtion erforderliche Evidenzgrad** erreicht ist.

Eine **gemeinsame Benennung und Definition gleichstufiger Merkmale** sollten Sie hingegen unterlassen. Sind mehrere Merkmale problematisch, dann haben beide eine selbstständige ausführliche Prüfung verdient. Ist eines der Merkmale unproblematisch, dann hat es im ausführlichen Gutachtenstil nichts verloren. Sie müssen **jedem Merkmal seinen eigenen Stil zuweisen.**

Beispiel: Wenn das Tatobjekt eindeutig eine Sache ist, aber Zweifel hinsichtlich seiner Fremdheit bestehen, dann **nicht** „1. Der Pkw müsste eine Sache sein und er müsste fremd sein. Sachen sind..." **sondern** „1. Der Pkw ist eine Sache. 2. Der Pkw müsste auch fremd sein. Fremd ist..." oder **noch eleganter** „1. Der Pkw ist zwar eine Sache, er müsste aber auch fremd sein. Fremd ist..." oder **ebenso elegant** „1. Der Pkw als Sache müsste auch fremd sein. Fremd ist...".

Die **Definition** ist abstrakt. Sie **gilt für jeden Fall**. Daher steht sie im **Präsens** („isst"). Die **Subsumtion** berichtet hingegen über einen abgeschlossenen Fall. Sie steht daher in den **Vergangenheitsformen** der Schriftsprache. Dies sind das **Imperfekt** („aß") und für Vorzeitiges das **Plusquamperfekt** („hatte gegessen"). Das Perfekt („hat gegessen") gehört in die mündliche Umgangssprache und ist daher tabu.

Beispiel: Beleidigung **ist** die Kundgabe der Miss- oder Nichtachtung eines anderen. T **nannte** den O einen „bescheuerten Bielefelder", nachdem O dem T die Vorfahrt **genommen hatte**. Hierdurch **zeigte** T dem O seine Missachtung.

Die **Subsumtion** enthält nur (!) alle (!) Informationen des **konkreten Sachverhalts**, die für seine Abgleichung mit der Definition des Merkmals **relevant** sind. Da Sie den ausführlichen Gutachtenstil gewählt haben, werden Sie hier einige Zeilen mit konkreten Sachverhaltsinformationen zu Papier bringen können. Hüten Sie sich vor **Zirkelschlüssen** ohne konkrete Sachverhaltsangaben.

Beispiel: Schreiben Sie **nicht** „Gesundheitsschädigung ist das Hervorrufen eines pathologischen Zustands. T hat bei O einen pathologischen Zustand hervorgerufen. Mithin hat T den O an der Gesundheit geschädigt.", **sondern** „...T brach O am Rand des Spielfelds das Bein, indem er ihn auf die Bandenwerbung schubste. Ein Beinbruch ist ein pathologischer Zustand. Also hat T den O an der Gesundheit geschädigt.".

Wenn Sie **mangels Sachverhaltsangaben nicht ausführlich subsumieren können**, dann haben Sie den falschen Stil gewählt. Sie müssen dann die **schlichte Feststellung** wählen, **anstatt** mit **Pseudosubsumtionen** den Gutachtenstil vorzutäuschen.

Beispiel: Schreiben Sie **nicht** „T müsste schuldhaft gehandelt haben. Das ist hier der Fall." oder „T müsste schuldhaft gehandelt haben. Davon kann nach dem Sachverhalt ausgegangen werden.", **sondern** „T handelte schuldhaft.".

Auch zwischen **Definition und Subsumtion** sollten Sie einen **Absatz** machen, wenn beide länger ausfallen. Den Wechsel kennzeichnen Sie dann ferner dadurch, dass Sie die Subsumtion **mit möglichst konkreten Sachverhaltsangaben beginnen**, um sie von der abstrakten Definition abzugrenzen. Wenn Sie dies tun, dann können und sollten Sie mit Floskeln wie **„hier", „laut Sachverhalt", „vorliegend"** oder **„im vorliegenden Fall"** in der Subsumtion sehr **sparsam** umgehen. Diese provozieren nämlich die Nachfrage des Prüfers, woraus sich die Information denn sonst ergeben soll, wenn nicht aus dem Sachverhalt des Aufgabentextes.

Beispiel (das „hier" dient nur der Verdeutlichung seiner Überflüssigkeit):

„Wegnahme ist Bruch ...

Als T dem O [hier] am Sonntagvormittag auf dem Wochenmarkt das Handy aus der Hosentasche zog, brach er ...“

c) Ergebnis

Beim Gutachtenstil steht das **Ergebnis am Ende**. Den **vierten Schritt**, also die Ergebnisnennung, sollten Sie mit Wörtern garnieren, die zeigen, dass Sie aus dem dritten Schritt eine **Schlussfolgerung ziehen**. Das ist vor allem dann wichtig, wenn Sie wie im obigen Beispiel mehrere Schlussfolgerungen hintereinandersetzen.

Beispiele: „folglich"; „somit"; „also"; „mithin"; „demnach"; „demzufolge"; „dementsprechend"; „daher"; „sodass"

Ganz wichtig ist, dass Ihr **Ergebnis überhaupt vorhanden, konsequent und logisch korrekt** ist. Das Ergebnis ist der entscheidende Inhalt Ihres Gutachtens, auch wenn es erst am Ende steht und daher leicht in Vergessenheit gerät. **Ohne Ergebnis ist Ihr Gutachten nicht verwendbar**. Achten Sie daher auf Folgendes:

■ **Zu jedem Obersatz gehört ein Ergebnissatz**. Sie öffnen mit jedem Obersatz eine Schachtel, die Sie auch wieder schließen müssen. Wenn Sie beim Öffnen der Schachtel 1 eine Schachtel 2 und in dieser eine Schachtel 3 finden, dann müssen Sie zuerst Schachtel 3, dann Schachtel 2 und zum Schluss Schachtel 1 schließen. Insbesondere nach mehrstufigem Abtauchen in eine anspruchsvolle Prüfung droht die Gefahr, dass man das Auftauchen durch die eigentlich triviale Formulierung des Ergebnisses vergisst. Hüten Sie sich vor dieser **Taucherkrankheit**.

Beispiel: „V könnte gegen K einen Zahlungsanspruch aus § 433 Abs. 2 Var. 1 BGB haben. Das erfordert eine Einigung zwischen V und K über einen Kaufvertrag mittels zweier korrespondierender Willenserklärungen. Das hierfür erforderliche Angebot des K liegt vor, V müsste aber auch die Annahme erklärt haben. V hat zwar eine Annahmeerklärung abgegeben, diese müsste K aber auch zugegangen sein.
[Ausführliche Prüfung mehrerer Zugangsprobleme]
Folglich ist K die Annahmeerklärung des V zugegangen. Also haben K und V sich geeinigt, sodass zwischen K und V ein Kaufvertrag besteht. Mithin hat V gegen K einen Zahlungsanspruch aus § 433 Abs. 2 Var. 2 BGB.“

■ Der **Ergebnissatz** muss **den Obersatz widerspiegeln**, er muss ihn **exakt beantworten**. Sie sollten **vor der Formulierung des Ergebnissatzes einen Blick zurück auf den Obersatz** werfen, insbesondere wenn dazwischen eine ausführliche Definition und Subsumtion liegt. Auch deshalb ist es so wichtig, dass Sie bei der Prüfung von **Handlungen** diese **im Obersatz benennen**.

> **Beispiel:** Auf den Obersatz „T könnte sich gemäß § 263 Abs. 1 StGB gegenüber A zum Nachteil des B wegen Betrugs strafbar gemacht haben, indem er zu A sagte, der Pkw sei unfallfrei." lautet der Ergebnissatz „Mithin hat T sich (nicht) gemäß § 263 Abs. 1 StGB gegenüber A zum Nachteil des B wegen Betrugs strafbar gemacht, indem er zu A sagte, der Pkw sei unfallfrei.". Wenn Sie hingegen schreiben „Mithin hat Z sich (nicht) gemäß § 263 Abs. 1 StGB gegenüber X zum Nachteil des Y wegen Betrugs strafbar gemacht, indem er zu X sagte, der Pkw werde am Montag geliefert.", dann haben Sie im Laufe der Prüfung an mehreren Stellen inkonsequent gearbeitet.

■ Der Obersatz wirft eine Unsicherheit auf, welche Sie durch Definition und Subsumtion klären. Der Ergebnissatz enthält die Quintessenz dieser Klärung und strahlt **keine Unsicherheit** aus.

> Schreiben Sie **beispielsweise nicht** „Demnach dürfte T Vorsatz gehabt haben.", **sondern** „Demnach hatte T Vorsatz." beziehungsweise „Demnach hatte T keinen Vorsatz."

Das Ergebnis sollten sie von der Subsumtion mit einem **Absatz** abgrenzen. Beim Ergebnis sollten Sie keinen Gliederungspunkt benutzen (s. S. 78). Stattdessen können Sie ausnahmsweise ein Stichwort verwenden und dies unterstreichen.

Beispiel:

„…., sodass der Anspruch gemäß § 362 Abs. 1 BGB erloschen ist.

Ergebnis: Daher hat A gegen B keinen Anspruch aus § 280 Abs. 1 BGB (mehr)."

2. Verkürzter Gutachtenstil

Es ist möglich, dass **Ergebnis am Ende** eines Satzes oder weniger Sätze mitzuteilen, **ohne einen einleitenden Obersatz** zu bilden und **ohne die Definition rein abstrakt** voranzustellen. Da der Leser dann nicht sofort erkennen kann, was der Prüfungsgegenstand ist, eignet sich dieser Stil nur für **kurze Begründungen**.

Beginnen Sie die Prüfung einfach direkt mit dem dritten Schritt, der **Subsumtion unter die Definition**. Abermals leistet das Wort **„indem"** gute Dienste, auch ein **„in Form"** kann helfen.

Beispiel: „Indem A dem B mit dem Baseballschläger ins Gesicht schlug, rief A bei B einen pathologischen Zustand in Form eines Nasenbeinbruchs hervor, mithin eine Gesundheitsschädigung."

3. Verkürzter Urteilsstil

Der Urteilsstil zeichnet sich dadurch aus, dass das **Ergebnis am Anfang** steht, gefolgt von der ebenfalls erforderlichen Begründung mittels Definition und Subsumtion. Es wird also keine These aufgeworfen, wodurch dieser Stil bei gleicher Begründungstiefe weniger Schreibarbeit erfordert. Sie können diesen Stil bei **kurzen Begründungen** gelegentlich verwenden.

Eine Begründung, die dem Ergebnis nachfolgt, kann mit Worten wie **„weil", „da", „denn"** eingeleitet werden. Diese sollten Sie allerdings **vermeiden**, denn bei nicht wenigen Prüfern lösen sie automatisch die Kritik aus, es werde der (angeblich) nicht zulässige Urteilsstil verwendet. Diese Gefahr vermeiden Sie, wenn Sie stattdessen die Begründung schlicht mit einem **„indem"** einleiten und/oder mit einem **„nämlich"** und/oder **„in Form"** abrunden. Wenn Sie dann diesen Stil nicht zu häufig einsetzen, dann wird manchem Prüfer nicht einmal auffallen, dass Sie ihn benutzt haben.

Beispiel: Besser **nicht** „A hat den B an der Gesundheit geschädigt, weil er durch den Schlag mit dem Baseballschläger einen Nasenbeinbruch, also einen pathologischen Zustand verursachte.", **sondern** „A hat den B an der Gesundheit geschädigt. Durch den Schlag mit dem Baseballschläger verursachte er bei B nämlich einen pathologischen Zustand in Form eines Nasenbeinbruchs.".

„Weil", „da" und „denn" können sprachlich betrachtet auch im Gutachtenstil untergebracht werden, wenn ein **Problem** oder ein **Meinungsstreit diskutiert** wird („Für die erstgenannte Auslegung spricht die Systematik, denn § 164 BGB gilt für alle Willenserklärungen, weil er im BGB AT steht.").
Gleichwohl können diese Wörter auch an dieser Stelle bei oberflächlich arbeitenden Prüfern eine Alarmglocke auslösen. Es ist daher **klausurtaktisch sicherer**, wenn Sie sich bemühen, die Wörter auch in diesem Zusammenhang **zu vermeiden** („§ 164 BGB steht im BGB AT. Er gilt daher für alle Willenserklärungen, sodass die Systematik für die erstgenannte Auslegung spricht.").

4. Schlichte Feststellung

Ein Ergebnis kann **ohne jede Begründung** schlicht festgestellt werden. Da Sie in der Klausur die Punkte durch Begründungen sammeln, dürfen Sie diesen Stil nur verwenden, **wenn es keine Begründung gibt**, weder in tatsächlicher Hinsicht aus dem insofern schweigenden Sachverhalt noch rechtliche Argumente.

Es sei zudem noch einmal daran erinnert, dass Sie nicht **Prüfungspunkte eines Aufbauschemas ohne Fallbezug** nennen dürfen. Auch eine solche „Begründung" lassen Sie also weg.

Beispiel: Nicht „Zwischen A und B besteht ein Kaufvertrag i.S.d. § 433 BGB, der weder durch Anfechtung noch Rücktritt noch Widerruf erloschen ist.", **sondern schlicht** „Zwischen A und B besteht ein Kaufvertrag i.S.d. § 433 BGB.".

Beispiel: Nicht „Mangels Rechtfertigungsgründen war die Tat des T auch rechtswidrig.", **sondern schlicht** „Die Tat des T war auch rechtswidrig.".

Sie können auch **mehrere Punkte zusammen** feststellen, wenn sie allesamt keine Begründung benötigen. Häufig bietet sich das im Strafrecht an, wenn die Probleme nur im objektiven oder im objektiven und subjektiven Tatbestand liegen.

Beispiel: „T handelte auch (vorsätzlich,) rechtswidrig und schuldhaft."

IV. Argumentation

Eine **ganz wichtige Punktequelle** liegt in der argumentativen Bewältigung der Probleme der Klausur. Kernbestandteil sind dabei die **Sachargumente**, die Sie entweder **in genereller Form auswendig** kennen oder sich **selbst herleiten** müssen oder die Sie **in konkreter Form** aus dem konkreten Klausurfall **herleiten**. Generelle und konkrete Argumente stehen dabei nebeneinander und ergänzen sich (s. S. 72 f.).

Beispiel: „Für diese enge Auslegung des § 5 XY-Gesetz sprechen das Rechtsstaatsprinzip und die Systematik der §§ 4 bis 8 XY-Gesetz. Ferner stünde A bei einer weiten Auslegung aufgrund seines rechtmäßigen Verhaltens am Dienstag schlechter als bei einem rechtswidrigen Verhalten am Mittwoch."

Klausurtaktische Erwägungen sind keine Sachargumente. Natürlich dürfen Sie diese in Ihrem Gutachten nicht niederschreiben. Sie helfen Ihnen alleine bei der Überlegung, welche Sachargumente zu welchem Rechtsproblem der Prüfer von Ihnen erwartet.

Es gilt, die **Sachargumente ansprechend zu „verpacken"**, zu verstärken und ins Rampenlicht zu rücken. Dies tun Sie mittels **Argumentationstechniken**. Diese können Sie an mehreren Stellen in der juristischen Fallbearbeitung einsetzen, nämlich bei der systematischen und teleologischen Auslegung, bei der Definition und Subsumtion (auch unter die Tatbestände der Analogie und der systematischen Auslegung) und bei der Diskussion von Rechtsproblemen alias Entscheidung von Meinungsstreitigkeiten.

Ferner helfen Ihnen die Techniken auch im **Alltag**. Sie werden merken, dass es nicht bei jedermann auf Gegenliebe stößt, wenn sie **ein Problem in mehrere Einzelprobleme zerlegen** und diese **ruhig und sachlich-logisch diskutieren**, anstatt in gehobener Lautstärke und mit Drohgesten zusammenhanglose und unstrukturierte Pseudoargumente zu rufen. Lassen Sie sich hiervon **nicht beirren** und denken Sie an den Spruch „Ich würde mich gerne geistig mit Dir duellieren, aber wie ich sehe, bist Du unbewaffnet.".
Sie müssen diese **Denk- und Argumentationstechniken** für Ihre Examina und Ihren künftigen Beruf **üben**, denn nur mit ihnen erzielen Sie gute Noten, und Ihre beruflichen Gegenspieler werden bis an die Zähne geistig bewaffnet sein.

a) Logische Richtigkeit / Aussagelogik

Sie müssen die **Regeln der Aussagelogik** beherrschen, dem Gesetz die jeweils benutzte Regel durch Auslegung entnehmen können und diese sodann bei ihren eigenen Formulierungen auch wahren. Zu den Regeln gehören insbesondere:

- der Unterschied zwischen einerseits **kumulativ** („und") und andererseits **alternativ** (ausschließliches „oder"),

  Beispiel: Gemäß § 434 Abs. 1 S. 2 Nr. 2 BGB ist die Kaufsache nur frei von Sachmängeln, wenn sie kumulativ alle dort genannten, mit zwei „und" verknüpften Attribute aufweist. Daraus folgt im Umkehrschluss, dass sie bereits dann mangelhaft ist, soweit sie alternativ nicht für die gewöhnliche Verwendung geeignet ist oder nicht die übliche Beschaffenheit oder nicht die erwartete Beschaffenheit aufweist.

- der Unterschied zwischen **ausschließlichem** und **nichtausschließlichem „oder"** (Sowohl-als-auch-Verhältnis),

  Beispiel: Während im vorherigen Beispiel das „oder" im ausschließlichen Sinne gemeint ist, enthält z.B. § 172 Abs. 2 BGB ein nichtausschließliches „oder". Nach dieser Norm erlischt die Vertretungsmacht, sobald die Vollmachtsurkunde entweder nur zurückgegeben oder nur für kraftlos erklärt oder – erst recht – sowohl zurückgegeben als auch für kraftlos erklärt wird.

- der **Unterschied zwischen**

  - einer **hinreichenden Voraussetzung/Bedingung** (der Erfolg tritt ein, es geht aber auch anders),

    Beispiel: Das Trinken von Tee stillt den Durst, das Trinken von Wasser aber auch.

    Beispiel: Durch Rückgabe der Urkunde erlischt die Vollmacht, durch Kraftloserklärung aber auch (§ 172 Abs. 2 BGB).

  - einer **notwendigen Voraussetzung/Bedingung** (anderenfalls tritt der Erfolg nicht ein, es muss aber noch mehr hinzukommen)

    Beispiel: Zum Teekochen benötigt man Wasser, aber auch Teeblätter.

    Beispiel: Eine Strafbarkeit erfordert die Rechtswidrigkeit der Tat, aber sie muss auch schuldhaft begangen sein.

  - und einer **äquivalenten Voraussetzung/Bedingung** als Kombination der beiden vorgenannten Bedingungen (anderenfalls tritt der Erfolg nicht ein, es muss nichts weiter hinzukommen und es geht nicht anders),

    Beispiel: Tag und Nacht sind gleich lang, wenn die Sonne über dem Äquator steht.

    Beispiel: Gemäß § 1 BGB beginnt die Rechtsfähigkeit des Menschen mit der Vollendung seiner Geburt.

111

■ und schließlich die damit zusammenhängende Frage, ob eine Aussage **bikonditional** ist, also einen **Gegenschluss** in die andere Richtung zulässt, was nämlich nur bei äquivalenten Voraussetzungen/Bedingungen möglich ist.

Beispiele: Tag und Nacht sind gleich lang, wenn die Sonne über dem Äquator steht, und wenn die Sonne über dem Äquator steht, dann sind Tag und Nacht gleich lang.

Beispiel: Die Rechtsfähigkeit beginnt mit der Vollendung der Geburt, und der, dessen Geburt vollendete ist, ist rechtsfähig.

Gegenbeispiel (hinreichende Voraussetzung): Teetrinken stillt den Durst, aber nicht jeder, der seinen Durst stillt, trinkt Tee (sondern vielleicht auch Wasser).

Gegenbeispiel (notwendige Voraussetzung): Zum Teekochen benötigt man Wasser, aber nicht jeder, der Wasser hat, kann auch Tee kochen (er benötigt nämlich zudem Teeblätter).

b) Argumentationsmittel und -figuren

Mit den folgenden „Showelementen" können Sie **Sachargumente ansprechend und prägnant darstellen**. Aber nochmal: Sie verstärken die Sachargumente, sind selbst aber keine. Das sehen Sie schon daran, dass manche auf derselben Grundlage zu gegensätzlichen Ergebnissen führen:

Erst-Recht-Schlüsse sind in gegensätzliche Richtungen möglich: **a maiore ad minus** (vom Größeren zum Kleineren: wenn die Norm sogar für Pkw gilt, dann erst recht für Fahrräder, aber nicht für Lkw) oder **a minore ad maius** (vom Kleineren zum Größeren: wenn die Norm für Pkw gilt, dann erst recht für Lkw, aber nicht für Fahrräder).

Beispiel: Verwendungsersatz nach §§ 994 ff. BGB erfordert nach der systematischen Stellung hinter §§ 985, 986 BGB, dass der Besitzer im Zeitpunkt seiner Verwendungen die Sache nicht besitzen durfte. Nach h.M. soll aber erst recht derjenige Besitzer den Verwendungsersatz erhalten, der die Sache zunächst besitzen durfte und sein Besitzrecht erst später verliert. Denn wenn – jetzt kommt das Sachargument – der Anspruch sogar dem anfänglich rechtswidrigen Besitzer zusteht, dann soll erst recht der schutzwürdigere, anfänglich rechtmäßige Besitzer den Anspruch haben.

Sie können einen **Umkehrschluss** ziehen (wenn im Fall A ja, dann im Fall B nein) oder im Gegenteil eine Norm zum **allgemeinen Rechtsgedanken** erklären (wenn A, dann auch B). Sie können das auch mit den Erst-Recht-Schlüssen kombinieren.

Beispiel: Die Erklärung des Bürgen muss gemäß §§ 766 S. 1, 126 BGB schriftlich erfolgen. Diese Norm könnte den allgemeinen Rechtsgedanken beinhalten, dass die Bestellung von Personalsicherheiten immer schriftlich geschehen muss, weil sie – jetzt kommt das Sachargument – gefährlicher als dingliche Sicherheiten (Grundschuld, Faustpfandrecht) sind.

Weitergehend müsste auch die Garantie und der Schuldbeitritt schriftlich erfolgen, und zwar erst recht deshalb, weil sie – jetzt kommt das Sachargument – nicht bzw. nicht vollständig von der gesicherten Forderung abhängig sind und daher für den Sicherungsgeber sogar gefährlicher sind als die Bürgschaft. Gleichwohl zieht die h.M. aus § 766 S. 1 BGB den Umkehrschluss, dass nur die Bürgschaft schriftlich erklärt werden muss, denn – jetzt kommt das Sachargument – als Ausnahmevorschrift zur in § 125 BGB verbrieften Formfreiheit ist § 766 S. 1 BGB eng auszulegen.

Mit einem **Vergleich (argumentum a simili)** zweier Fallkonstellationen können Sie darlegen, ob und wie stark diese sich in einer bestimmten Hinsicht gleichen oder unterscheiden. Diese Argumentationsfigur benötigen Sie u.a. bei jeder Analogie bzw. teleologischen Reduktion, im Rahmen des Vergleichs der Interessenlagen.

Beispiel: Die §§ 177, 179 BGB gelten sowohl (nach dem Wortlaut) für den Vertreter ohne Vertretungsmacht als auch (analog) für den Boten ohne Botenmacht. Beide Fälle sind angesichts des Regelungszwecks dieser Normen im Wesentlichen gleich. Der Empfänger ist nämlich – jetzt kommt das Sachargument – gleichermaßen schutzwürdig, wenn er eine Willenserklärung, die einen anderen binden soll, von einem Unbefugten erhält, gleich ob dieser die Erklärung als eigene für den anderen abgibt oder als fremde übermittelt.

Eine Sonderform des Vergleichs ist die **reductio ad absurdum**. Bei dieser wird die Lösungsvariante, der man selbst nicht folgen möchte, dadurch entkräftet, dass ihre **widersprüchlichen oder gar absurden Folgen aufgezeigt** werden.

Beispiel: Juristische Personen des öffentlichen Rechts können grundsätzlich nicht Inhaber von Grundrechten sein. Ließe man dies zu, dann ergäbe sich eine widersprüchliche, janusköpfige Situation. Sie wären zugleich grundrechtsberechtigt und – jetzt kommt das Sachargument – gemäß Art. 1 Abs. 3 GG grundrechtsverpflichtet.

In ähnlicher Weise können Sie ein **Umgehungsargument** entwickeln. Stellen Sie zunächst das von Ihnen nicht favorisierte Argument und seine Folge dar. Führen Sie dann – bitte mit Sachargumenten bzw. Normbeleg – aus, dass so auf einem Umweg eine Folge eintreten würde, die der Gesetzgeber gerade verhindern wollte.

Beispiel: Die Formvorschrift des § 311 b Abs. 1 S. 1 BGB muss auch auf Vorverträge anwendbar sein, d.h. auf Verträge, welche die Verpflichtung beinhalten, zu einem späteren Zeitpunkt einen unter den Wortlaut des § 311 b Abs. 1 S. 1 BGB fallenden Verpflichtungsvertrag abzuschließen.
Nicht formbedürftige Vorverträge sind nämlich formlos gültig (Umkehrschluss aus § 125 S. 1 BGB). Es würde dann also formlos die einklagbare und vollstreckbare (vgl. § 894 ZPO) Verpflichtung entstehen, ein Grundstücksgeschäft zu tätigen. Dadurch würde aber – jetzt kommt das Sachargument – der Sinn und Zweck des § 311 b Abs. 1 S. 1 BGB unterlaufen. Er ordnet die notarielle Beurkundungspflicht an, damit die Vertragspartner vor Entstehen einer solchen Verpflichtung vom Notar über ihre Folgen belehrt und vor ihnen gewarnt werden.

Schließlich können Sie eine **Regel-Ausnahme-Argumentation** aufbauen. Sie basiert auf der Grundannahme, dass Grundsätze jeden erdenklichen Fall erfassen sollen und daher weit zu verstehen sind, während Ausnahmen punktuelle Wirkung entfalten sollen und daher eng zu verstehen sind. Mitunter ist allerdings nicht leicht zu erkennen ist, was die Regel und was die Ausnahme ist.

Hinsichtlich rückwirkender Gesetze ist **beispielsweise** zu differenzieren:
Eine rückwirkende Festlegung des zeitlichen Anwendungsbereichs (echte Rückwirkung) ist grundsätzlich unzulässig und nur ausnahmsweise erlaubt. Denn – hier kommt das Sachargument – das Vertrauensprinzip als Teil des Rechtsstaatsprinzips aus Art. 20 Abs. 3 GG gebietet grundsätzlich Verlässlichkeit für vergangene Zeiträume.
Eine bloß in die Zukunft gerichtete Regelung, die (auch) Sachverhalte betrifft, die zwar in der Vergangenheit begonnen haben aber noch nicht abgeschlossen sind (unechte Rückwirkung), ist hingegen grundsätzlich erlaubt und nur ausnahmsweise unzulässig. Das ergibt sich – hier kommt das Sachargument – aus dem Demokratieprinzip des Art. 20 Abs. 2 GG, welches es gebietet, dass der amtierende Gesetzgeber grundsätzlich die derzeitigen und (bis zur erneuten Gesetzesänderung) künftigen rechtlichen Verhältnisse gestalten können muss.

V. Meinungsstreite und unstreitige Probleme

Im Rahmen des zweiten Arbeitsbereichs wurde bereits erörtert, wie Sie an einen Streit gedanklich herangehen müssen. Sie haben insbesondere erfahren, dass ein Meinungsstreit nichts anderes ist als (häufiger) eine **grenzwertige Auslegung bzw. Definition** oder (seltener) eine **grenzwertige Subsumtion**. Daher muss ein Meinungsstreit **innerhalb dieser Prüfungsschritte verortet** werden.

Der **Übergang zu einem anspruchsvollen aber** (längst ausdiskutierten oder bislang noch nicht diskutierten und daher) **unstreitigen Rechtsproblem ist fließend**. Sie können daher **beides auf dieselbe Art darstellen**. Dadurch müssen Sie nur eine Technik erlernen und einüben. Zudem kommen Sie nicht in die Verlegenheit, sich für eine von zwei Schubladen entscheiden zu müssen.

1. Hinleitung/Verwebung mit dem Gesamtaufbau

Sie müssen zunächst **zu dem Tatbestandsmerkmal**, in dessen Rahmen der Streit/das Problem spielt, **hinleiten**. Prüfen Sie – in der gebotenen Länge oder Kürze – alle vorherigen Tatbestände und Tatbestandsmerkmale normal durch.

Beispiel: Vor einem strafrechtlichen Streit/Problem auf Ebene der Schuld prüfen Sie den Tatbestand und die Rechtswidrigkeit.

Beispiel: Vor einem Streit/Problem zur Anwendbarkeit der §§ 812 ff. BGB prüfen Sie vertragliche, vertragsähnliche und dingliche Ansprüche.

Sie sollten den Streit/das Problem **an jeder Stelle erwähnen**, an der er Relevanz hat, um zu zeigen, dass Sie ihn fortlaufend auf dem Schirm haben. **Ausführlich darstellen und lösen** sollten Sie die Thematik **nur soweit, wie** es an der jeweils relevanten Stelle **erforderlich** ist.

Vgl. das **Beispiel** zur Personenzahl bei Versammlungen und Banden (S.72).

Auch soweit Sie den Streit/das Problem **dargestellt und gelöst** haben, müssen Sie später knapp hierauf verweisen. Sie dürfen **keinesfalls** die Rechtsfrage **später unerwähnt** lassen oder gar darauf verzichten, komplette Tatbestände zu prüfen, in denen Sie eine Rolle spielt. Ihr Gutachten ist dann nicht vollständig. Dieser **Fehler kostet extrem viele Punkte** und ist leicht vermeidbar.

Beispiel: Sie prüfen unter I. die Strafbarkeit nach § 242 BGB. Sie verneinen die Wegnahme, begründen dies mit der freiwilligen Weggabe durch das Opfer und ergänzen, dass keine untragbare Strafbarkeitslücke entstehe, weil § 263 StGB eine durch Täuschung herbeigeführte Weggabe sanktioniere.

Damit ist aber nicht automatisch gesagt, dass eine Strafbarkeit nach § 263 StGB vorliegt. Sie müssen unter II. vollumfänglich § 263 StGB prüfen! Hinsichtlich der Vermögensverfügung durch freiwillige Weggabe verweisen Sie nach oben. Im Übrigen prüfen Sie in der erforderlichen Tiefe. Möglicherweise kommen Sie zu dem Ergebnis, dass § 263 StGB an einem anderen Merkmal scheitert.

Beispiel: Laut Fallfrage sind Ansprüche des A gegen B und gegen C zu prüfen.

„I. A könnte gegen B einen Zahlungsanspruch aus § X haben. [Prüfung der Tatbestandsmerkmale] ... Somit hat A grundsätzlich einen Anspruch aus § X gegen B. Im Ergebnis würde dies B zwar nicht unbillig belasten, denn B könnte dann von C gemäß § Y Regress nehmen. Jedoch müsste B damit das Risiko tragen, dass C insolvent wird. Dieses Risiko muss aber dem A auferlegt werden, denn ... A ist daher auf einen Anspruch aus § Z gegen C verwiesen. Im Ergebnis hat A gegen B also keinen Zahlungsanspruch."

Und jetzt weiter! Dass A auf den Anspruch gegen C aus § Z „verwiesen" ist, bedeutet nicht, dass dieser auch besteht.

„II. A könnte gegen C einen Zahlungsanspruch aus § Z haben [Prüfung der Tatbestandsmerkmale mit Verweis nach oben, soweit möglich]. ... Der Tatbestand des § Z ist somit erfüllt. Das trägt auch dem Umstand Rechnung, dass A das Insolvenzrisiko des C tragen soll, s.o. A hat daher gegen C einen Zahlungsanspruch aus § Z."

Wenn Sie die Rechtsfrage hingegen **zunächst offenlassen**, weil Sie es für richtig halten, sie erst später zu lösen, dann sollten Sie die Rechtsfrage **an der ersten Stelle gleichwohl kurz erwähnen und begründen, weshalb Sie sie erst später lösen**.

Beispiel: Zu prüfen ist die Strafbarkeit des Arztes A nach § 223 StGB, weil er dem Patienten P anlässlich einer Blinddarmoperation zugleich eine Zyste an der Leber entfernt hat. Die Entfernung der Zyste geschah dabei fachlich fehlerfrei, aber es ist zweifelhaft, ob P wirksam in sie eingewilligt hat.

115

„… 1. Der objektive Tatbestand müsste erfüllt sein. [Obersatz und Definition der Gesundheitsschädigung; Darstellung des Streits/des Problems, ob ein ärztlicher Heileingriff eine tatbestandsmäßige Gesundheitsschädigung ist] Auch ein kunstvoller Heileingriff ist daher tatbestandsmäßig, aber im Einzelfall durch Einwilligung gerechtfertigt. …"

Jetzt nicht die Merkmale der Einwilligung im objektiven Tatbestand erörtern, sondern weiter im üblichen Aufbau:

„2. [Subjektiver Tatbestand]…

3. Die Tat könnte rechtswidrig sein. Auch ein kunstvoller Heileingriff ist, wie ausgeführt, nur gerechtfertigt, soweit der Patient wirksam in ihn eingewilligt hat. Eine wirksame Einwilligung erfordert zunächst…"

2. Einleitung

Beim umstrittenen/problematischen Merkmal angekommen, dürfen Sie nicht urplötzlich in den „Meinungsstreitmodus" verfallen. Diesen gibt es nicht! **Am Anfang steht das Gesetz** und nicht das Problem. Sie müssen daher **vom Gesetz zum Problem** darstellen.

Sie sollten daher **„Strittig/Umstritten ist, ob…" aus Ihrem Vokabular für ein Klausurgutachten streichen**. Die Phrase ist prädestiniert dafür, methodisch falsch direkt auf das Problem zu springen.

Bei der **abstrakten Wissensdarstellung** in **Skripten und Lehrbüchern** hat diese Phrase hingegen ihre Berechtigung, denn die Kenntnis von Streitigkeiten gehört zum abstrakten Examenswissen. Sie sind nur eben nicht geeignet für eine methodisch korrekte Falllösung.

Mit Phrasen wie **„Fraglich/Zweifelhaft ist, ob…"** sollten Sie – wie schon in anderen Zusammenhang erwähnt – zumindest **vorsichtig und sparsam** sein. Sie sollten Sie jedenfalls nicht zu Beginn einer der Prüfung des jeweiligen Merkmals nutzen, sondern erst, nachdem Sie möglichst konkret und präzise mit dem Gesetz gearbeitet und die Problemdarstellung vorbereitet haben. Denn soweit das Gesetz reicht, ist nichts fraglich/zweifelhaft. **Die Fragen und Zweifel beginnen erst dort, wo das Gesetz aufhört.**

Am unverfänglichsten ist es oft, schlicht einen Obersatz mit **Konjunktiv** zu bilden oder das Wort **„möglicherweise"** zu nutzen.

Beispiel: „§ X erfordert … Vom Wortsinn her erfasst das nur … . Es könnten aber gleichwohl auch … erfasst sein."

Beispiel: „Alle Tatbestandsmerkmale des § Y sind somit erfüllt. Möglicherweise tritt die Rechtsfolge dieser Norm aber nur ein, wenn zusätzlich als ungeschriebenes Merkmal … vorliegt."

Beispiel: „A könnte gegen Z einen Anspruch aus § Z haben. Obgleich der Wortlaut keine Einschränkung enthält, könnte die Norm aus systematischen Gründen bereits nicht anwendbar sein…"

3. Darstellung

Nach der Einleitung stellen Sie die Rechtsfrage/das Problem/die Streitigkeit dar. Folgendes **Darstellungsschema** hat sich bewährt.

- Meinung 1
  - Darstellung der Meinung (Inhalt)
  - ggf. knappe Argumentation
  - Subsumtion
- Meinung 2
  - Darstellung der Meinung (Inhalt)
  - ggf. knappe Argumentation
  - Subsumtion
- ggf. Meinung 3 usw.
- Stellungnahme
  - Vergleich der Subsumtionsergebnisse
  - ausführliche Argumentation für und gegen die Meinungen, soweit verschiedene Ergebnisse
  - Ergebnis

Durch die **sofortige Subsumtion** unter jede Meinung und den **Vergleich** der Ergebnisse vor der ausführlichen Argumentation ist gewährleistet, dass Sie den Streit nur soweit entscheiden, wie eine Entscheidung Relevanz für die Falllösung hat. Als Einleitung der Subsumtion eignet sich besonders das Wort **„demnach".**

Um überflüssige Argumentationen zu vermeiden und um für die Stellungnahme noch Argumente übrig zu haben, sollten Sie **vor der Subsumtion allenfalls knapp und wenig argumentieren**. Es kann aber erforderlich sein, zugunsten der **Verständlichkeit** bereits bei der Darstellung der Meinung ein Argument zu nennen.

Beispiel: Wenn Sie schreiben „Eine Möglichkeit ist, die Länge der Frist unter Berücksichtigung des Verhältnismäßigkeitsprinzips als Teil des Rechtsstaatsprinzips zu bestimmen.", dann ist damit das Verhältnismäßigkeitsprinzip sowohl als inhaltlicher Prüfungsmaßstab als auch als Argument für selbigen genannt.

Bei relativ **kurz darstellbaren Ansichten und offensichtlichen Subsumtionen** ist es auch vertretbar, die Ansichten direkt im Rahmen ihrer Darstellung zu diskutieren. Eine gesonderte Stellungnahme wirkt dann gekünstelt und anfängerhaft.

Ein **Beispiel** dazu folgt am Ende dieser Gliederungsziffer.

Es sei nochmals daran erinnert: Umstritten ist in aller Regel die **Auslegung bzw. die Definition** eines Tatbestandsmerkmals. Manchmal ist auch die **Subsumtion in vergleichbaren Fällen** umstritten, dann arbeiten Sie mit dem Wort **„regelmäßig"**. Aber **nie ist die Subsumtion Ihres Klausurfalls umstritten**. Dieser hat ja erst bei Austeilung des Falltextes das Licht der Welt erblickt.

Beispiel (zur Definition): „Nach einer Ansicht ist Verwendung i.S.d. § 994 BGB so zu definieren, dass…"

Beispiel (zur Subsumtion in vergleichbaren Fällen) „Nach einer Ansicht genügt der Anruf beim Hersteller des Pkw regelmäßig nicht, um den Vorwurf der Bösgläubigkeit zu beseitigen.".

Gegenbeispiele (zur Subsumtion im Klausurfall selbst): Hingegen bitte **nicht** „Nach einer Ansicht ist A Verbraucher i.S.d. § 13 BGB." und **nicht** „Nach anderer Ansicht handelte T vorsätzlich." **Noch schlimmer** ist „Es ist umstritten, ob B zuständig war. Nach einer Ansicht war B zuständig…".

Die **Punktebringer bei der Argumentation** sind dieselben, die Ihnen auch sonst bei Auslegung, Definition und Subsumtion zum Erfolg verhelfen: der Problemdichte angepasster **Schreibstil**, Anwendung der **Auslegungsmethoden**, Bejahung/Verneinung einer **Analogie** und einer **teleologischen Reduktion** im Rahmen der Prüfung Ihres **Tatbestands** sowie Subsumtion mittels selektiver Benennung der **relevanten Sachverhaltsangaben**.

Am **souveränsten und überzeugendsten** wirkt eine Streitdarstellung in einem Klausurgutachten, wenn Sie die **Lösungsmöglichkeiten und Argumente als Ihre eigenen ausgeben und darstellen**. Schreiben Sie **nicht im Konjunktiv**, was laut anderen für den Lösungsweg spreche, sondern direkt **im Indikativ**, was für den Lösungsweg spricht. Auch das hilft dabei, dass die Streitdarstellung nicht wie auswendig abgespultes Lehrbuchwissen wirkt, sondern sich nahtlos in das übrige, methodisch verfasste Gutachten einfügt.

Auch insofern besteht ein **Unterschied** zur abstrakten Wissensdarstellung in **Skripten und Lehrbüchern**. Dort wäre es im Gegenteil wissenschaftlich unredlich, wenn fremde Überlegungen als eigene dargestellt würden.

Fremde, generelle Argumente müssen Sie ferner nicht nur sprachlich, sondern auch **konkret-inhaltlich anpassen.**

Vgl. die **Beispiele** auf S. 73 zu Art. 8 GG und der invitatio ad offerendum.

Es bringt **keine Pluspunkte**, von der **„herrschenden Meinung"** oder eine **„Mindermeinung"** zu schreiben, denn **es zählen** nur – Sie werden es ahnen – **Sachargumente**. Auch wenn es schnell gehen soll, kosten Sachargumente in Stichworten keine Zeit.

Beispiel: Nicht „Die h.M. legt die Norm eng aus." **sondern** „Wegen der Meinungsfreiheit (Art. 5 Abs. 1 GG) wird die Norm eng ausgelegt."

Sie machen sich zudem **angreifbar**, weil es **keine allgemeingültigen Kriterien** für diese Klassifizierung gibt. Sicherlich kann man von der „herrschenden Meinung" sprechen, wenn alle Gerichte, Kommentare und Lehrbücher einem Zeitschriftenaufsatz von 1952 gegenüberstehen. Wie ist es aber, wenn der BGH und alle Kommentare dem BVerfG und einem Aufsatz gegenüberstehen? Ist bei zwei gegenläufigen Aufsätzen das Alter der Autoren, ihr akademischer Grad (mit oder ohne „Dr. h.c."?) oder die Anzahl der Fußnoten maßgeblich?

Auch **schlagwortartige Bezeichnungen der Ansichten** (oft endend auf „-theorie") oder eine farblose Bezeichnung als „eine Ansicht", „andere Ansicht" und „vermittelnde Ansicht" haben allenfalls dann eine Daseinsberechtigung, wenn Sie diese Bezeichnungen in der weiteren Diskussion benutzen wollen, um **schnellen Bezug auf die Ansicht zu nehmen**. Sie sollten differenzieren:

■ Bei **Streitklassikern** ist es nicht falsch, die vertretenen Theorien beim Namen zu nennen. Wie immer müssen Sie aber das Schlagwort nicht nur nennen, sondern auch seine Bedeutung erklären. Die Bezeichnung „Mindermeinung" sollten Sie sich auch hier verkneifen, denn es kann sein, dass ausgerechnet Ihr Prüfer diese Meinung vertritt oder gar begründet hat.

  Beispiel: Beim Streit zum Erlaubnistatbestandsirrtum sollten sie unumwunden von der „eingeschränkten Schuldtheorie" und nicht von „einer weiteren Ansicht" oder „einer am Schuldprinzip unter Berücksichtigung der Strafwürdigkeit des Teilnehmers ausgerichteten Theorie" sprechen.

■ Bei den **übrigen Streitigkeiten** gibt es oft keine schlagwortartige Bezeichnung. Es bleibt Ihnen nur die Bezeichnung als „eine Ansicht", wobei dies für sich keinen Mehrwert hat. Sie können ebenso direkt mit der Auslegung/Argumentation starten.

  Beispiel: anstatt „eine am Wortlaut orientierte Ansicht" oder „eine Ansicht verweist auf den Wortlaut" **einfach** „Der Wortlaut spricht dafür, dass..."

■ Auf jeden Fall sollten Sie sämtliche Bezeichnungen weglassen, wenn Sie sich **nicht sicher sind**, ob es sich um einen **Ihnen unbekannten Streit** oder aber „nur" um ein kniffeliges, aber (mittlerweile) **unstrittiges Rechtsproblem** handelt, zumal der **Übergang** wie gesagt **fließend** ist.

  ■ Denn falls es sich um **einen Streit handelt** und Sie diesen schlicht mit dem methodischen Handwerkszeug ausgehend vom Gesetzeswortlaut lösen, ohne von „Ansichten" oder „Meinungen" zu sprechen, dann wird Ihnen der Prüfer keinen Vorwurf machen und im Gegenteil Ihre methodischen Fähigkeiten honorieren.

- Falls es sich **nicht um einen Streit handelt** und Sie gleichwohl von „Ansichten" sprechen (und gar eine davon als „herrschende Meinung" bezeichnen), dann wird der Prüfer kritisieren, dass es einen solchen Streit nicht gibt. Schlimmstenfalls verblassen Ihre methodisch brillanten Ausführungen hinter dieser formalen Kritik.

Beachten Sie im folgenden abschließenden **Beispiel**, wie einerseits die fettgedruckten Auslegungs- und Argumentationsmethoden die Sachargumente strukturieren sowie verstärken und wie andererseits die Hinweise auf die Meinungen in eckigen Klammern ersatzlos gestrichen werden könnten, ohne dass der Inhalt oder die Überzeugungskraft der Darstellung leidet:

X will eine Christin als Arbeitnehmerin einstellen. X fragt A nach ihrer Religion. A sagt, sie sei Christin, obwohl sie Muslima ist. X stellt A ein. Als X von der Lüge erfährt, ficht er seine Vertragserklärung an.

„... Es könnte der Anfechtungsgrund des § 123 Abs. 1 S. 1 Var. 1 BGB für X bestehen. [Prüfung aller geschriebenen Merkmale]

Es liegen also alle geschriebenen Tatbestandsmerkmale vor. Über den **Wortlaut** des § 123 Abs. 1 Var. 1 BGB hinaus könnte gleichwohl die Rechtswidrigkeit der Täuschung erforderlich sein.

Gegen dieses zusätzliche Tatbestandsmerkmal spricht aber [nach e. A.] neben dem **Wortlaut** die **Systematik** des § 123 Abs. 1 BGB. Sie rechtfertigt einen **Umkehrschluss**: Für die Drohung ist die Rechtswidrigkeit explizit gefordert, also muss sie für die Täuschung entbehrlich sein. Hiernach berechtigt die Täuschung der A – sei sie rechtswidrig oder nicht – den X zur Anfechtung.

Gleichwohl könnte die Widerrechtlichkeit der Täuschung erforderlich sein. Angesichts §§ 7 u. 1 AGG durfte A auf die Frage nach der Religion lügen. Ihre Täuschung war daher nicht widerrechtlich. Hiernach kann X nicht anfechten. Für das Erfordernis der Rechtswidrigkeit spricht aber [laut h.M.], dass es nicht **Sinn und Zweck** des § 123 Abs. 1 BGB ist, eine Willenserklärung anfechtbar zu machen, die im Einklang mit der Rechtsordnung zu Stande gekommen ist. Dies ist ein **allgemeiner Rechtsgedanke**, der zwar nur für die Drohung im Wortlaut verankert ist, der aber auch für die Täuschung gilt.

Somit besteht für X der Anfechtungsgrund des § 123 Abs. 1 S. 1 Var. 1 BGB."

Als **Aufbau** wurde die **Mischform** gewählt: Im drittletzten Absatz wurde zuerst das Argument zur ersten Ansicht genannt und dann subsumiert. Unter die zweite Ansicht wurde hingegen im vorletzten Absatz zuerst subsumiert und erst dann argumentiert; durch das dort platzierte „aber" und natürlich durch den letzten Absatz wird deutlich, dass der zweiten Ansicht gefolgt wird. Die **Voranstellung der vollständigen kurzen Subsumtion** (etwa „eine Ansicht verlangt keine Rechtswidrigkeit, dann kann X anfechten. Eine andere Ansicht verlangt die Rechtswidrigkeit, dann kann X nicht anfechten. Entscheidend ist also, ob die Rechtswidrigkeit erforderlich ist.") hätte **unbeholfen** gewirkt.

VI. Geschlossenheit und Nachvollziehbarkeit

Das gesamte Gutachten muss logisch geschlossen und nachvollziehbar sein. Die entscheidenden Punkte hierzu wurden allesamt bereits erwähnt, hier nochmal als **zusammengefasste Erinnerung**:

- Der **allererste Obersatz** knüpft direkt an die (ausgelegte) **Fallfrage** an.

- Der **Sachverhalt** basiert auf einer **gedanklichen Kettenreaktion aus Dominosteinen**, die sich der Prüfer als Musterlösung des Falls zurechtgelegt hat. Ihre **Lösung**, egal ob Sie die Musterlösung trifft oder anders lautet, **muss ebenso ohne Brüche als Kettenreaktion ablaufen**. Wie bei einem guten Roman muss der Leser einen in sich stimmigen, logischen und überzeugenden Text vorfinden. **Jeder Satz muss daher direkt an den vorherigen Satz anknüpfen.** Stellen Sie sich einen Leser vor, der nach jedem Satz denkt „Ach, das habe ich verstanden und das interessiert mich jetzt auch. Wie geht es denn weiter?". Diesen Leser müssen Sie an die Hand nehmen.

  Beispiel (nochmals): Bei der Fallfrage, ob T sich durch den Steinwurf strafbar gemacht hat, muss im Gutachten – vom ersten Obersatz bis zum Ergebnis – nur auf den Steinwurf (und nicht auf den Fußtritt) abgestellt werden.

  Beispiel (nochmals): Bei einer (möglichen) Übereignung von A an B und sodann von B an C und der Frage, ob C Eigentümer ist, darf nicht direkt geprüft werden darf, ob A an B übereignet hat. Vielmehr ist zu prüfen, ob C von B Eigentum erhalten hat und dabei dann inzident, ob B dazu berechtigt war, was von der Übereignung von A an B abhängt.

- Bei Unproblematischem dürfen Sie **nicht unnötig ins Detail** gehen, bei Problematischem dürfen Sie anders herum **keine zu großen gedanklichen Sprünge** machen. Exkurse zu **nicht lösungsrelevanten Themen** müssen natürlich gänzlich **unterbleiben**, denn Sie schreiben kein auf Vollständigkeit angelegtes Lehrbuch, sondern ein Gutachten, das auf die Lösung eines konkreten Falles fokussiert ist.

- Mit jedem Obersatz öffnen Sie eine Schachtel und tauchen weiter hinab. Am Ende müssen Sie **zu jedem Obersatz einen Ergebnissatz** formulieren, um die Schachteln zu schließen und aufzutauchen. Vorsicht vor der **Taucherkrankheit**.

- **Am Anfang Ihrer Überlegungen steht** nie das Problem, sondern **das Gesetz**. Es ist nicht „einfach so" aus heiterem Himmel etwas „problematisch" oder „fraglich". Nennen Sie das gesetzliche **Merkmal**, **definieren** Sie es anständig mithilfe der **Ausle-**

121

gungsmethoden (sowie ggf. unter Beachtung verschiedener Ansichten hierzu) und **subsumieren** Sie. Schauen Sie im Einzelfall, ob Definition und/oder Subsumtion **relativ eindeutig** sind **oder** ob sie **näherer Prüfung** bedürfen, und **passen Sie die Länge und Tiefe Ihrer Ausführungen hieran an**. Denken Sie an das abschließende **Ergebnis**. Voilà. Ob Sie dabei dann einen „echten" Meinungsstreit gelöst haben oder „nur" eine problematische, aber im Ergebnis unstreitige Rechtsfrage erörtert haben, spielt dabei nur eine untergeordnete Rolle.

B. Schlusskontrolle (10. Schritt)

Der 10. und letzte Arbeitsschritt besteht in einer abschließenden Kontrolle des ausformulierten Gutachtens. Je nachdem, wie erfolgreich Sie sich Ihre Zeit eingeteilt haben (näher dazu noch unten), haben Sie hierfür **nur wenige Minuten** oder gar **Sekunden** Zeit.

I. Vollständigkeit und Plausibilität

Kontrollieren Sie Ihr Gutachten auf Vollständigkeit und Plausibilität. Wegen der Zeitnot müssen Sie knallhart **Prioritäten** setzen und sich von den großen Fallstricken, die massiv Punkte kosten, zu den kleineren Stolpersteinen vorarbeiten:

- Enthält das Gutachten zu jeder Frage einen **ersten Obersatz**, ein **Endergebnis** und **passt** der Obersatz zur Fallfrage sowie das Endergebnis zum Obersatz?

- Enthält das Gutachten im Übrigen aufeinander abgestimmte **Obersätze und Ergebnisse** auf den **einzelnen Gliederungsebenen**? Sehen Sie sich zuerst die oberen und dann die tieferen Gliederungsebenen an.

- Stimmen die **Personenbezeichnungen**? Stimmen die wesentlichen **Normzitate**?

- Sind alle **Sätze vollständig und verständlich**? Ist die **Rechtschreibung** im Wesentlichen gewahrt?

II. Nur im Notfall: Inhaltliche Änderungen

Sie müssen den Fall bei Erstellung der Lösungsskizze inhaltlich vollständig durchgelöst haben. Die Erstellung des Gutachtens ist „nur" die Verschriftlichung der bereits feststehenden Lösung. Wenn Sie gleichwohl nach Fertigstellung des Gutachtens (oder während seiner Anfertigung) meinen, einen **inhaltlichen Fehler** entdeckt zu haben, dann **bleiben Sie vor allem ruhig**! Sie können die Vergangenheit nicht ändern. Sie können jetzt nur die verbleibende Zeit dazu nutzen, **ruhig und effizient das Beste daraus zu machen**.

Bevor Sie Ihre Lösungsskizze oder Ihr Gutachten nachträglich ändern, stellen Sie sich **in Ruhe** folgende **Kontrollfragen:**

- Ist mein **Gehirn noch so fit**, dass ich noch in der Lage bin, den betreffenden Punkt mit der nötigen Sorgfalt zu hinterfragen, oder handelt es sich nur um **stressbedingte Panik**, wegen der ich den Wald vor lauter Bäumen nicht mehr sehe?

- Handelt es sich um einen **echten Fehler** oder ist nur eine andere Lösung ebenso gut vertretbar oder ist es gar nur eine Optimierung/Ergänzung der vorhandenen Lösung?

- Habe ich eine **konkrete Vorstellung,** was ich **statt des Bisherigen** schreiben will oder sehe ich nur den Fehler, kenne aber die korrekte Lösung nicht?

- Überblicke ich die **Auswirkungen**, die eine Korrektur an dieser Stelle **auf die Lösung an anderen Stellen** hat? Bleibt also die übrige Lösung **konsequent** oder zerstöre ich die von mir zuvor sorgsam aufgebaute Kettenreaktion aus Dominosteinen?

- Habe ich noch die nötige **Zeit**, um sämtliche erforderliche Korrekturen in der gebotenen **inhaltlichen und optischen Gründlichkeit** vorzunehmen?

Sodann **wägen Sie ab**: Ist es nach alledem **geboten und erfolgversprechend**, die inhaltliche Korrektur vorzunehmen? Oder überwiegt das **Risiko**, durch die Tilgung eines eher nebensächlichen Fehlers das gesamte Gutachten zu **„verschlimmbessern"**?

Falls Sie sich für die inhaltliche Korrektur entscheiden, darf diese den **Prüfer nicht optisch ablenken**. Es gilt insbesondere:

- Schreiben Sie die **korrigierte Seite komplett neu**, wenn die Änderungen nicht ganz geringfügig sind und die Zeit es zulässt.

- **Streichen** Sie hilfsweise **durch**, aber **ordentlich und gut erkennbar**. Unterlassen Sie wildes „Gekrakel". Nutzen Sie alternativ für einzelne Wörter einen **Tintenkiller** o.ä., wenn dies für ihre Klausur zulässig ist.

- **Einzelne Wörter** können Sie im Einzelfall **direkt im Text** (zwischen zwei Zeilen sowie am Zeilenanfang oder -ende) einfügen. Wenn Sie – wie oben empfohlen – großzügige Absätze gemacht haben, gestaltet sich dies leichter.

■ Ganze **Sätze oder Absätze** müssen Sie notgedrungen mit einer **Fußnote** bzw. einem (nummerierten) „*" einfügen. Der Text dazu gehört nicht auf dem Korrekturrand (dieser ist für den Korrektor reserviert) und auch nicht auf die Rückseite. Schreiben Sie entweder unterhalb eines waagerechten Strichs **am unteren Ende der Seite, oder auf ein neues Blatt**, das sie direkt **dahinter einordnen** und mit einer entsprechenden **Seitenzahl** (z.B. „8a") versehen. Sorgen Sie dafür, dass der Verweis auf den Einschub **eindeutig und leicht verständlich** ist.

Dritter Arbeitsbereich: Verschriftlichung als Gutachten

Überblick	**Ziel:** korrektes, nachvollziehbares und überzeugendes Gutachten

9. Schritt

Formulierung des Gutachtens

- ■ **Übersichtlichkeit:**
  - ▪ **Lesbarkeit**
  - ▪ **Übersichtlichkeit**: wenig Überschriften, viele Absätze
- ■ **allgemeine sprachliche Anforderungen**
  - ▪ **ganze Wörter und Sätze**, keine Abkürzungen oder Stichworte
  - ▪ **Sprachregeln, Wortsinn und Sprachgefühl**
  - ▪ **Fremdwörter** vermeiden, **Fachwörter** verwenden
  - ▪ **einfach statt kompliziert**: kurze Sätze, i.d.R. aktiv, keine Substantivierungen, keine doppelten Verneinungen
  - ▪ **Sachlichkeit**: keine Emotionen, objektiv
- ■ **Schwerpunktsetzung durch Schreibstil**
  - ▪ **Ausführlicher Gutachtenstil** für Kernprobleme: Obersatz, Definition, Subsumtion, Ergebnis
  - ▪ **verkürzter Gutachtenstil bzw. verkürzter Urteilsstil** für kleinere Probleme: Subsumtion, Ergebnis bzw. Ergebnis, Subsumtion
  - ▪ **schlichte Feststellung** für Eindeutiges: nur Ergebnis, ohne Begründung
- ■ **Argumentation:** Logische Richtigkeit sowie Argumentationsmittel und -figuren
- ■ **Meinungsstreitigkeiten:** Einkleidung in den üblichen Gutachtenstil, i.d.R. im Rahmen der Definition/Subsumtion
  - ▪ **Hinleitung**: im üblichen Schreibstil
  - ▪ **Einleitung:** vom Gesetz zum Problem
  - ▪ **Darstellung:** Inhalt der Meinung, Subsumtion, Vergleich der Subsumtionen, ggf. Entscheidung soweit erforderlich; Sachargumente, gestützt durch Auslegungsmethoden und Argumentationsfiguren;
- ■ **Geschlossenheit und Nachvollziehbarkeit**

10. Schritt

Schlusskontrolle

- ■ **Vollständigkeit und Plausibilität:** insbesondere Obersätze und Ergebnisse
- ■ **im Notfall bei Fehlern**: Ruhe bewahren, gründlich prüfen, abwägen, ggf. optisch ansprechende Korrektur

C. Zum Beispielsfall

Das **Gutachten (9. Schritt)** könnte in etwa lauten:

„Gutachten

A verlangt von F insofern zu Recht Ersatz, wie A gegen F einen entsprechenden Anspruch hat.

I. A könnte gegen F einen Anspruch auf Aufwendungsersatz aus §§ 670, 662 BGB* haben.

[Fußnote am Ende der ersten Seite: *Paragraphenangaben ohne Kennzeichnung beziehen sich auf das BGB.]

Dies erfordert allerdings eine Einigung von A und F über einen Auftragsvertrag i.S.d. § 662. Eine Einigung setzt wiederum zwei nach Maßgabe der §§ 145 ff. korrespondierende Willenserklärungen namens Angebot und Annahme voraus.

Ein Angebot könnte in dem Hilferuf der F zu sehen sein. Eine Willenserklärung ist aber nur gegeben, soweit ein Verhalten vorliegt, das objektiv zumindest auf einen Handlungswillen und einen Rechtsbindungswillen schließen lässt.

1. F befand sich zwar in einer Notsituation, aber gleichwohl geschahen ihre Rufe nicht reflexartig, sondern willentlich gesteuert. F hatte daher aus objektiver Sicht Handlungswillen.

2. Rechtsbindungswille erfordert den Willen, sich aufgrund der Handlung in irgendeiner Hinsicht rechtlich zu binden.

F rief aber nicht um Hilfe, um sich rechtlich durch einen Vertragsschluss zu binden. Es ging ihr vielmehr – rein tatsächlich und objektiv erkennbar – darum, dass ihr jemand zur Hilfe kommt. F hatte daher keinen Rechtsbindungswillen.

Zwischenergebnis: Demzufolge liegt kein Angebot der F vor und daher keine Einigung zwischen A und F. Mithin besteht zwischen A und F kein Auftragsvertrag. Daher hat A gegen F keinen Anspruch auf Aufwendungsersatz aus §§ 670, 662.

II. A könnte gegen F einen inhaltsgleichen Anspruch aus §§ 670, 683, 677 ff. haben.

1. A müsste beim Trennen der Hunde ein fremdes Geschäft – nämlich ein Geschäft der F – geführt haben. Darunter fällt jedes Tätigwerden im fremden Interessenkreis, hier im Interessenkreis der F.

Es lag im Interesse der F, dass die Hunde getrennt werden, damit ihr Pinscher keine Schäden durch den aggressiven Schäferhund nimmt. Mithin lag ein Geschäft der F vor, welches für A objektiv fremd war.

2. Aus § 687 Abs. 1 ergibt sich ferner, dass A Fremdgeschäftsführungsbewusstsein und -willen gehabt haben muss. A muss also die Fremdheit gekannt haben und das Geschäft in Anerkennung dieser Fremdheit geführt haben.

Bei objektiv-fremden Geschäften – wie vorliegend – wird der Fremdgeschäftsführungswille vermutet. Anhaltspunkte, die gegen einen solchen Willen des A sprechen, sind zudem nicht ersichtlich.

3. A handelte auch ohne Auftrag, ein solcher ist gerade nicht zustande gekommen, s.o. I.

4. Wie von § 683 S. 1 gefordert lag die Hilfeleistung des A im objektiven Interesse der notleidenden F. Sie geschah zudem in Übereinstimmung mit dem insofern deckungsgleichen subjektiven Willen der F, den sie durch den Hilferuf sogar ausdrücklich geäußert hatte.

5. Rechtsfolge und Anspruchsinhalt ist nach dem Wortlaut des § 670 der Ersatz von „Aufwendungen".

Aufwendungen sind freiwillige Vermögensopfer. A hat zwar Vermögensopfer erlitten, aber nicht freiwillig. Vielmehr sind A ausschließlich unfreiwillige Vermögensopfer, also Schäden entstanden.

Sinn und Zweck des § 670 ist aber, den altruistischen Geschäftsführer von jeder Vermögenseinbuße freizustellen. Das muss insbesondere gelten, wenn – wie auch vorliegend A – jemand selbstlos und aus Zivilcourage in einer Notlage hilft. Wenn also das Gesetz sogar freiwillig erbrachte Vermögensopfer kompensieren lässt, dann müssen erst recht unfreiwillig erlittene Vermögensopfer vom Geschäftsherrn ersetzt werden.

Allerdings muss es sich um typischerweise mit der Geschäftsführung einhergehende Begleitschäden handeln, um eine übermäßige Haftung des Geschäftsherrn, insbesondere für Zufallsschäden, zu verhindern.

a) Dementsprechend sind A jedenfalls die materiellen Vermögensopfer zu ersetzen. Dazu zählen die Schäden am Körper und am Anzug, welche beide auch typischerweise mit dem Zurückhalten eines angreifenden Hundes einhergehen. Gemäß § 249 Abs. 1 erfolgt der Ersatz grundsätzlich durch Herstellung des Zustands, wie er ohne die Schädigung bestünde, in Natur. Nach § 249 Abs. 2 S. 1 kann A stattdessen aber auch den für die Herstellung erforderlichen Geldbetrag verlangen, also die Heilbehandlungskosten für seinen Körper und die Reparaturkosten für den Anzug.

b) Möglicherweise kann A auch ein angemessenes Schmerzensgeld verlangen. Als das Schmerzensgeld rein auf ungeschriebenem Richterrecht beruhte, schien es sehr zweifelhaft, ob eine solch extensive Auslegung des § 670 geboten war. Seit der ausdrücklichen Kodifizierung des Schmerzensgeldes in § 253 Abs. 2 zum Jahresbeginn 2002 wird man aber das Schmerzensgeld als einen Schadensposten begreifen müssen, der gleichwertig neben den materiellen Schäden i.S.d. § 249 steht. Daher kann A auch ein angemessenes Schmerzensgeld verlangen.

<u>Zwischenergebnis:</u> A hat gegen F einen Anspruch aus § 670 auf Ersatz der Schäden an seinem Körper und am Anzug, wahlweise in Natur oder in Geld, sowie auf ein angemessenes Schmerzensgeld. Die konkrete Höhe der Zahlungspflichten kann aus den vorliegenden Sachverhaltsinformationen nicht hergeleitet werden.

III. A könnte gegen F einen inhaltsgleichen Anspruch aus § 823 Abs. 1 haben.

1. Körper und Eigentum des A, zwei seiner absolut geschützten Rechtsgüter, sind verletzt.

2. Handlung der F ist ihr Hilferuf nebst vorherigem Spazierengehen.

3. Die Handlung müsste für die Rechtgutverletzung kausal gewesen sein. Sie hat als conditio sine qua non die Rechtsgutverletzungen insofern äquivalent-kausal verursacht, als bei ihrem Hinwegdenken auch die Rechtsgutverletzung entfiele. Ferner war der Eintritt der Verletzung nicht vollkommen unwahrscheinlich, sodass die Handlung auch adäquat-kausal war.

Zweifelhaft ist hingegen, ob dem Schutzzweck des § 823 Abs. 1 nach auch solche Schäden als kausal angesehen werden können, die zwar mittelbar durch die Handlung des Anspruchsgegners verursacht wurden, aber unmittelbar auf einem freiwilligen Verhalten des Anspruchstellers (hier: das Eingreifen des A) beruhen. Um aber den Geschädigten umfassend vor dem auslösenden Verhalten des Anspruchsgegners zu schützen, ist anerkannt, dass auch vom Anspruchsgegner herausgeforderte Selbstschädigungen kompensiert werden müssen. Voraussetzung dafür ist, dass der Anspruchsgegner ein erhöhtes Risiko schafft, welches objektiv nachvollziehbar und subjektiv für den Anspruchsgegner erkennbar den Anspruchsinhaber zur Selbstschädigung veranlasst (sog. Herausforderungsformel).

F hat durch ihre Hilferufe das Risiko des A, von einem Hund gebissen zu werden, erhöht. Angesichts der Notlage der F und auch der Strafdrohung des § 323 c StGB war es nachvollziehbar, dass A der F zur Hilfe eilt. Das konnte F nicht nur erkennen, sie hat es sogar bezweckt.

Mithin hat F die Selbstschädigung des A herausgefordert. Auch dem Schutzzweck des § 823 Abs. 1 nach war die Handlung der F kausal für die Verletzung der Rechtsgüter des A.

4. Die Handlung der F war rechtswidrig. Gegenüber dem Halter des Schäferhundes könnte sie sich womöglich auf Rechtfertigungsgründe berufen, nicht jedoch gegenüber dem für den Angriff nicht verantwortlichen A.

5. F müsste die Rechtsgutverletzung aber auch verschuldet haben. Vorsätzlich, insbesondere willentlich hat F die Verletzung nicht ausgelöst. Fahrlässigkeit liegt gemäß § 276 Abs. 2 vor, soweit F die im Verkehr erforderliche Sorgfalt außer Acht gelassen hat. Zudem ist erforderlich, dass die Gefahr (nicht, wie oben, das Einschreiten des A) vorhersehbar war.

Es erscheint zweifelhaft, ob ein Hundeführer generell und stets vorhersehen muss, dass er von einem anderen, freilaufenden Hund angefallen wird. Angaben, dass dies im konkreten Fall angesichts der konkreten Beschaffenheit der Örtlichkeit der Fall war, enthält der Sachverhalt nicht.

Unabhängig davon hatte F ihren Pinscher aber angeleint, sodass sie die von ihr persönlich geforderte Sorgfalt – anders als womöglich der Halter des Schäferhunds – beachtet hat.

<u>Zwischenergebnis:</u> Mithin handelte F auch nicht fahrlässig. Daher hat A gegen F keinen Anspruch aus § 823 Abs. 1.

IV. Schließlich könnte A gegen F einen inhaltsgleichen Anspruch aus § 833 S. 1 haben.

1. F ist Halterin des Pinschers.

2. Der Körper des A ist verletzt und sein Anzug ist beschädigt.

3. Der Pinscher ist kein Nutztier i.S.d. § 833 S. 2 und daher ein der Gefährdungshaftung des § 833 S. 1 unterfallendes Luxustier, sodass F verschuldensunabhängig haftet.

4. Es muss sich allerdings auch die typische Tiergefahr eines Pinschers realisiert haben. Das ist über den Wortlaut hinaus erforderlich, um die gegenüber § 823 Abs. 1 geringere Verschuldensanforderung zu rechtfertigen und die Haftung nicht ausufern zu lassen.

Es ist für Hunde typisch, dass sie sich einander nähern und miteinander in Aktion treten. Dass dies nicht immer freundlich-spielerisch, sondern – wie vorliegend – auch angreifend-kämpferisch geschehen kann, ist daher die typische Tiergefahr eines Pinschers und eines jeden Hundes.

5. Der Inhalt des Anspruchs des A gegen F aus § 833 S. 1 richtet sich ebenfalls nach §§ 249, 253 Abs. 2. § 253 Abs. 2 ist bereits seinem Wortlaut nach und ohne besondere Begründung auf § 833 S. 1 als Schadensersatzanspruch anwendbar. Im Übrigen bestehen keine Unterschiede zu den Ausführungen unter II. 5.

Endergebnis: A hat gegen F einen Anspruch auf Ersatz seiner Schäden am Körper und am Anzug, wahlweise in Natur oder in Geld, sowie auf ein angemessenes Schmerzensgeld aus §§ 670, 683, 677 ff. sowie aus § 833 S. 1, jeweils i.V.m. §§ 249, 253 Abs. 2."

Es folgt die **Schlusskontrolle (10. Schritt)**.

5. Abschnitt: Ausschöpfen der Bearbeitungszeit

Ihr oberstes Ziel lautet **Fertigwerden**, und zwar in der folgenden, gestuften **Prioritätenliste**:

■ Das Gutachten muss zuvorderst nach seiner **äußeren Struktur fertig** sein, d.h. zu jeder Rechtsfrage, die Sie per Obersatz aufgeworfen und sodann abgehandelt haben, muss ein **Ergebnis** formuliert sein. Am allerwichtigsten ist das **Endergebnis**, welches eine Antwort auf den ersten Obersatz liefert, welcher wiederum direkt an die Fallfrage anknüpft. Sie müssen am Ende der Bearbeitungszeit ein vollständiges Gutachten vorlegen. Es **springt sofort ins Auge, wenn (Zwischen-)Ergebnisse fehlen**.

■ Das Gutachten muss ferner insofern **inhaltlich fertig** sein, als dass **alle** vom Sachverhalt und der Fallfrage angelegten **Rechts-**

fragen abgehandelt werden. Lücken fallen auch hier auf, wobei die Musterlösungen mitunter Spielraum lassen.

Die Grenze ist **beispielsweise** in Strafrechtsklausuren fließend, wenn es darum geht, welche eindeutig nicht erfüllten Straftatbestände man mit einem Satz anspricht und welche überhaupt nicht.

- Schließlich muss das Gutachten insofern **inhaltlich fertig** sein, als dass die **Rechtsfragen in der gebotenen Länge bzw. Kürze** abgehandelt werden. Die Problemdichte steuert die Darstellungstiefe. Die Länge bzw. Kürze der Ausführungen ist aber in der Musterlösung nicht konkret festgelegt. Die Korrektoren (und daher auch Sie) haben einen weiten Spielraum. Falsch sind insofern nur deutliche Abweichungen nach oben oder unten, weil diese Ausdruck mangelnder **Schwerpunktsetzung** sind.

A. Zeitmanagement

Ihr **Blick** muss von der ersten bis zur letzten Minute der Bearbeitungszeit **ständig hin und her pendeln**, mit verschiedenen Prioritäten je nach Arbeitsphase:

- **Uhr:** Wie viel Zeit ist noch?

- **Ideenzettel** (sobald und soweit erstellt und noch nicht vollständig abgearbeitet): Fehlt noch etwas in der Lösungsskizze?

- **Lösungsskizze** (sobald und soweit erstellt): Wie habe ich das gedanklich gelöst? Was davon muss ich noch ins Gutachten schreiben?

- **Gutachten** (sobald und soweit erstellt): Welche Teile der Lösungsskizze habe ich schon ausformuliert?

- In der Hektik den **Sachverhalt** nebst **Fallfrage** nicht vergessen: Was ist nochmal genau passiert? Was war nochmal genau gefragt? Heißt der Täter „A" oder war es doch „B"?

- Und immer wieder auf die **Uhr**: Wie viel Zeit ist noch?

Besonders wichtig wird dies mit dem Beginn des Niederschreibens des Gutachtens. Sie müssen die **Ausführlichkeit der Niederschrift permanent der verbleibenden Zeit anpassen**. Denn Sie wollen und müssen unbedingt **innerhalb der Bearbeitungszeit** fertig werden. Sie wollen aber auch **nicht deutlich vor dem Ende der Bearbeitungszeit** fertig werden, denn dann verschenken Sie Zeit, die Sie bei den Schwerpunkten in ausführlichere Denkarbeit oder Schreibarbeit hätten investieren können.

Ideal ist eine **Punktlandung**, bei der Ihnen **für den 10. Arbeitsschritt maximal noch zwei Minuten verbleiben**. Am Anfang fällt dies erfahrungsgemäß sehr schwer, aber mit der nötigen Übung wird Ihnen diese sowohl bei Semesterabschlussklausuren als auch bei Examensklausuren gelingen.

Sie sollten hingegen **nichts** auf minimale oder maximale **Seitenzahlvorgaben**, die auf dem Campus herumgeistern, **geben**. Bei Hausarbeiten werden diese zwar von der Universität vorgegeben, aber zusammen mit Schriftart und -größe und vor allem, um zu verhindern, dass in der sehr langen Bearbeitungszeit zu lange Arbeiten geschrieben werden. Die Länge einer Klausurbearbeitung hängt hingegen entscheidend von Größe und Ausgestaltung der Handschrift ab, und in wenigen Stunden kann man kaum deutlich zu viel schreiben.

Der Trick besteht darin, aufkommende **Zeitprobleme** mit den folgenden **Techniken** zu korrigieren. Je **frühzeitiger und häufiger** Sie dies tun, umso weniger müssen Sie ganz am Ende eine wesentliche Korrektur vornehmen. Beginnen Sie damit also, sobald Sie die erste Seite des Gutachtens niederschreiben:

- Falls Sie **zu viel Zeit** haben, was in aller Regel ein Luxusproblem ist, dann

    - schreiben Sie insbesondere **zu den zentralen Problemen** etwas **mehr**, indem Sie gründlicher auslegen und subsumieren sowie ausführlicher und tiefgehender argumentieren und

    - **schreiben** Sie etwas **langsamer**, aber dafür **lesbarer**.

- In der Regel werden Sie (gefühlt) **zu wenig Zeit** haben. Dann machen Sie **möglichst geringfügige Abstriche bei der Länge der einzelnen Ausführungen** und lassen Sie im äußersten Notfall einzelne verzichtbare Prüfungspunkte ganz weg. Die oberste Priorität, die Ablieferung einer fertigen Struktur mit Ergebnissen, tasten Sie keinesfalls an.

    - Lassen Sie zunächst **einzelne Argumente** weg. Es ist nicht kriegsentscheidend, ob Sie für jede Meinung bzw. Auslegungsvariante drei oder zwei Argumente nennen.

    - Fassen Sie hilfsweise **einzelne Auslegungsvarianten bzw. Meinungen** zusammen bzw. lassen Sie sie weg, wenn sie letztlich zum selben Ergebnis kommen. Es ist nicht kriegsentscheidend, wie viele Unteransichten Sie auswendig herunterbeten, sondern welche Sachargumente Sie parat haben.

    - Nächste Eskalationsstufe ist ein **kürzerer Schreibstil** als der eigentlich geplante. Insbesondere der **Wechsel vom ausführlichen in den verkürzten Gutachtenstil** spart Zeit.

- Wenn das noch nicht reicht, dann **lassen** Sie etwas (!) großzügiger **Prüfungspunkte offen**, die nicht zu den großen Kernproblemen der Klausur gehören und auf die es für das nächste (Zwischen-)Ergebnis nicht ankommt. Deuten Sie aber möglichst in Schlagworten zumindest an, was Sie problematisieren und näher ausführen würden, wenn Sie die Zeit hätten. Je tiefer die Gliederungsebene des Punktes liegt, umso minimalintensiver ist der Eingriff. Sie sollten diese Technik also eher in der „aa)bb)cc)-Ebene" als in der „A.B.C.-Ebene" wählen.

  Beispiel: „Zweifelhaft ist bereits, ob ein Anspruch aus § 433 Abs. 1 S. 1 BGB für K entstanden ist, insbesondere könnte die hierfür erforderliche Einigung gemäß § 138 Abs. 1 BGB nichtig sein. V hat dem K aber ohnehin den Pkw übergeben und übereignet, sodass ein solcher Anspruch jedenfalls gemäß § 362 Abs. 1 BGB durch Erfüllung erloschen wäre."

- Notfalls verwenden Sie **Stichworte** („Rechtswidrigkeit (+)"), wenn Sie meinen, dass die **geringe Zeitersparnis** im Vergleich zu einem **vollständigen, aber knappen feststellenden Satz** („A handelte rechtswidrig.") das wert ist.

Die Vorgehensweise lässt sich mit einer **Autobahnfahrt** vergleichen. Bei der Abfahrt werden Sie laut Prognose des Navigationsgeräts Ihren **Zielort in exakt 120 bzw. 300 Minuten erreichen** und wollen dies auch. Sie schauen auf der Fahrt immer wieder, welche Ankunftszeit das Navigationsgerät anzeigt. Hin und wieder kommt es zu unerwarteten **Verzögerungen**, die Ihre prognostizierte Ankunftszeit nach hinten verschieben. Sie reagieren, indem Sie auf freier Strecke **schneller** als üblich **fahren**, um die prognostizierte Ankunftszeit wieder nach vorne zu verlagern. Sie fahren aber auch **nicht ohne Grund zu schnell**, da das nur unnötig mehr Sprit verbraucht und Ihnen eine frühere Ankunft nichts bringt. Zu Beginn der Fahrt ist die Prognose relativ vage und sie schwankt stark und ständig, worauf Sie eher grob und nach Gefühl reagieren. Je näher jedoch das Ziel rückt, umso verlässlicher und fixer wird die Prognose, so dass Sie gezielter und kalkulierter reagieren können.

B. Zeiteinteilung

Als **Faustregel** gilt:

- Bei einer **zweistündigen Semesterabschlussklausur** sollten Sie etwa **15-20 Minuten** auf die Sachverhaltserfassung (erster Arbeitsbereich), etwa **40-45 Minuten** auf die gedankliche Lösung des Falls nebst Lösungsskizze (zweiter Arbeitsbereich) und etwa **60 Minuten** auf die Erstellung des Gutachtens (dritter Arbeitsbereich) verwenden.

- Bei einer **fünfstündigen Examensklausur** sollten Sie etwa **30 Minuten** auf die Sachverhaltserfassung, **90 Minuten** auf die gedankliche Lösung des Falls nebst Lösungsskizze und etwa **180 Minuten** auf die Erstellung des Gutachtens aufwenden.

Je nach **Einzelfall** müssen Sie diese Richtwerte **anpassen**.

■ Bei einer Klausur mit **einfach gelagertem Sachverhalt** und/oder **zahlreichen Standardproblemen** aus **oft geprüften Rechtsgebieten** müssen Sie tendenziell mehr schreiben und daher früher damit beginnen.

■ Bei Klausuren mit **komplexen Sachverhalten** und/oder **versteckten Spezialproblemen aus entlegenen Rechtsgebieten** müssen Sie mehr gedankliche Vorarbeit leisten. Sie können daher erst später mit dem Schreiben beginnen – das weiß auch der Prüfer, der daher keinen Anstoß an einem relativ kurzen Gutachten nehmen wird.

■ Im **Strafrecht** bringt es die Kombination aus Tatkomplexen, zu prüfenden Tätern und nebeneinander einschlägigen Straftatbeständen mit sich, dass Sie **generell relativ viel** schreiben müssen, also sollten Sie damit generell relativ früh beginnen.

6. Abschnitt: Formalia

Semesterabschluss- und Examensklausuren sind Bestandteil eines Prüfungsverfahrens. Für Verfahren gelten stets bestimmte formelle Anforderungen. Diese müssen Sie zuvorderst einhalten, damit Ihre **Klausur nicht aus formellen Gründen schlechter oder nicht bewertet** wird. Zudem gilt auch insofern wieder, dass Abweichungen vom Üblichen den Prüfer zumindest unterschwellig in eine negative Grundhaltung bei der Korrektur Ihres Gutachtens versetzen.

Es werden die üblichen Formalia dargestellt. Sie müssen sich informieren, welche **konkreten Anforderungen** Ihre **Universität** bzw. Ihr **Prüfungsamt** stellt. Diese **können im Einzelfall abweichen**!

A. Semesterabschlussklausuren

I. Vorbereitung

Alles, was Sie **vor Beginn der Bearbeitungszeit** tun dürfen, sollten Sie tun, während Sie auf den Startschuss warten.

■ Legen Sie sich Ihre **Gesetzessammlungen** und **Schreibwerkzeuge** zurecht.

■ Legen Sie eine verlässliche **Uhr** auf den Tisch bzw. an den Arm an. Benutzen Sie hingegen **nicht** die Uhrfunktion Ihres **Handys**, denn als mögliches Täuschungsmittel dürfen Sie dieses ohnehin nicht in Ihrer Nähe haben.

■ Sorgen Sie für ausreichend **Papier** und platzieren Sie es entsprechend seiner geplanten Verwendung (Stichwortzettel, Skizzen- und Konzeptpapier, Papier für das Gutachten) auf dem Tisch. Falls Sie das Papier selbst mitbringen dürfen bzw. müssen, dann wählen Sie für das **Gutachten** auf jeden Fall **liniertes Papier** in **DIN-A4**, welches – zugunsten der Lesbarkeit und Beschreibbarkeit – **kein Recyclingpapier** ist. Schrift auf kariertem Papier kann man nur schwer lesen, und auf Blankopapier wird das Schriftbild leicht schief und uneinheitlich.

■ **Knicken** Sie auf dem Papier für das Gutachten einen **Rand** ab, 1/3 oder besser 1/2 Seite, wenn dort keiner eingezeichnet ist.

  Sie können bereits für Ihre Trainings- und Semesterabschlussklausuren **Papier in Examensoptik** erwerben. Auch Alpmann Schmidt hat Klausurblöcke im Programm, jedes andere linierte Papier tut es aber natürlich auch.

■ Fertigen Sie ein **Deckblatt** an. Auf diesem stehen Name, Matrikelnummer, Anschrift, Semesterzahl. Ferner der Name des Dozenten und der Vorlesung/Veranstaltung, zu welcher die Klausur gehört.

■ **Nummerieren** Sie die Blätter für das Gutachten fortlaufend mit arabischen Seitenzahlen. Wenn Sie auf Nummer sicher gehen wollen und die Zeit dafür haben, dann notieren Sie zudem auf jedem Blatt Ihren Namen oder Ihre Initialen und die Matrikelnummer. Sollten Sie später Seiten einschieben (s.o.), dann erhalten diese Seitenzahlen einen Buchstabenzusatz.

  Beispiel: 1, 2, 3, 4, 4a, 4b, 5, 6, ...

II. Durchführung

Gewöhnen Sie sich an, in die **erste Zeile mittig** das Wort „**Gutachten**" zu schreiben. Bis zum ersten Examen müssen Sie in Klausuren zwar in aller Regel Gutachten niederschreiben, zum zweiten Examen kommen aber andere Darstellungsformen hinzu.

Es ist nicht erforderlich und **falsch**, den **Sachverhalt** eingangs **nachzuerzählen** oder gar **abzuschreiben**. Der Prüfer kennt den Sachverhalt. Geben Sie den Sachverhalt ausschließlich im gebotenen Umfang im Rahmen der Subsumtionen wieder.

Denken Sie wie ggf. daran, in einer Fußnote darauf hinzuweisen, auf welches Gesetz sich **Normzitate ohne Gesetzesangabe** beziehen.

Im Übrigen setzen Sie **keinerlei Fußnoten**. Insbesondere gehören in die Klausur **keine Zitatfundstellen** von Urteilen, Kommentaren, Lehrbüchern, Skripten usw. Sie erhalten dafür keine Punkte und gelten sofort als Nerd, weil Sie so etwas auswendig wissen. Die Punkte sammeln Sie mit dem **engmaschigen Zitieren des Gesetzes** und – ein letztes Mal – **Sachargumenten**, die Sie so formulieren, als hätten Sie sich die Argumente **just selbst hergeleitet**.

Ihr Gutachten endet natürlich mit einem **Endergebnis**, dieses beendet aber noch nicht die Prüfungsleistung. In der allerletzten Zeile müssen Sie nämlich **unterschreiben**, damit sichergestellt ist, dass niemand eine Klausur für einen anderen schreibt.

III. Abgabe

Am Ende der Bearbeitungszeit geben Sie einen Stapel Papier ab, bestehend aus **Deckblatt**, **Sachverhalt** (es sei denn, Sie müssen und möchten diesen nicht abgeben), unterschriebenem **Gutachten** und **Konzeptpapier**.

Sorgen Sie in Ihrem eigenen Interesse mit den erlaubten Werkzeugen dafür, dass das Papier **fest zusammengeheftet bzw. zusammengetackert** ist. Bringen Sie sicherheitshalber selbst ein solches mit. Ein Heftstreifen oder Schnellhefter hat den Vorteil, dass Sie die Blätter bereits zu Beginn der Klausur fixieren und so das Gutachten ohne die Gefahr eines Papierchaos niederschreiben können. Zudem lassen sich jederzeit Blätter ergänzen und entfernen.

B. Examensklausur

Für die Formalien einer Examensklausur gelten **grundsätzlich dieselben Anforderungen** wie für Semesterabschlussklausuren.

Das **Deckblatt** und das **Papier** wird in aller Regel von den Prüfungsämtern zur Verfügung gestellt.

Um eine unvoreingenommene Korrektur zu gewährleisten, werden die Examensklausuren **anonymisiert** geschrieben. Ihnen wird daher vor der ersten Klausur eine **Prüfungskennziffer** zugeteilt. Achten Sie darauf, dass auf Ihrem Deckblatt die korrekte Kennziffer steht. Wenn Sie die Zeit haben, dann notieren Sie auf jedem Blatt des Gutachtens (anstatt Ihres Namens bzw. Ihrer Initialen und Ihrer Matrikelnummer) Ihre Kennziffer. Unter dem Endergebnis dürfen Sie **nicht unterschreiben**. Stattdessen sollten Sie das Ende mit den Worten **„Ende der Bearbeitung"** kennzeichnen.

7. Abschnitt: Üben, Üben, Üben!

Die Theorie der Methodik ist Ihnen nun bekannt. **Beginnen Sie sofort, Ihre methodischen Fähigkeiten zu üben.** Das Erlernen, Vertiefen und Wiederholen des dogmatischen Wissens ist nur die halbe Miete, die andere ist das **Anwenden des Wissens**.

Folgende **Übungsmöglichkeiten** haben Sie, je nach Ausbildungsstand:

- Besuchen Sie die „**AGs**" (**Arbeitsgemeinschaften**), die Ihre Universität für die Anfangssemester anbietet. Dort werden Fälle gelöst und manchmal auch Übungsklausuren mit Korrektur angeboten. Gründen Sie daneben, insbesondere in der Examensvorbereitung, **private Arbeitsgemeinschaften**, in denen Sie regelmäßig Fälle lösen.

- Besorgen Sie sich **Übungsfälle und Übungsklausuren**, passend zu Ihrem Studienfortschritt. Zeitlose Falllösungen finden Sie in den gängigen Ausbildungszeitschriften und in Fallsammlungen (z.B. in der **Reihe „F-Fälle"** von Alpmann Schmidt, nebst Musterlösung). Wenn Sie sich in den mittleren und hohen Semestern befinden, dann werfen Sie auch einen Blick in die **Ausbildungszeitschrift RÜ-RechtsprechungsÜbersicht** von Alpmann Schmidt, in welcher aktuelle, examensverdächtige Urteile im Gutachtenstil gelöst werden. Besuchen Sie ferner den **Examensklausurenkurs** Ihrer Universität und/oder melden Sie sich für den nach § 12 FernUSG staatlich zugelassenen **K1-Fernklausurenkurs** von Alpmann Schmidt an.

Eine kostenlose Probeklausur aus dem K1-Fernkausurenkurs finden Sie hier:

bit.ly/2tqOvtM

- **Schreiben** Sie zu den Übungsfällen und -klausuren vollständige **Gutachten**. Und zwar idealerweise wie im Ernstfall, d.h. ohne Rauch- und Kaffeepausen, ohne Handy und Internet sowie ohne Gespräche mit Kommilitonen. Lassen Sie diese von Ihrem AG-Leiter, Ihren Kommilitonen oder im Rahmen der oben genannten Klausurenkurse korrigieren.

- Wenn Sie **wenig Zeit** haben und/oder den **Schwerpunkt** nicht auf das Schreiben weniger Gutachten, sondern auf das **gedank-**

liche Durchlösen vieler Klausuren legen wollen, dann hören Sie nach der Lösungsskizze auf, vergleichen diese mit der Musterlösung und verzichten auf die Anfertigung des Gutachtens.

Insbesondere für Ihre ersten zweistündigen bzw. fünfstündigen Übungsklausuren gilt: **Nur Mut! Fangen Sie einfach an!** Wie beim Erlernen des Radfahrens oder Schwimmens werden Sie am Anfang Rückschläge erleben. Lernen Sie aus Ihren Fehlern, und machen Sie es beim nächsten Mal besser. Eins steht jedenfalls fest: **Ohne Übung werden Sie das Klausurenschreiben nie beherrschen**.

Damit Anfangssemester ein Gefühl dafür bekommen, wie man an eine Semesterabschlussklausur herangeht, stellt Alpmann Schmidt je eine **kostenlose Übungsklausur zu den Themen des ersten bzw. zweiten Semesters** zur Verfügung, inklusive besonders ausführlich erläuterter Musterlösung. Sie können diese Klausuren hier herunterladen:

■ Zivilrecht BGB AT:

goo.gl/pkytWW

■ Strafrecht AT:

goo.gl/ZLhy4l

■ Öffentliches Recht – Grundrechte:

goo.gl/Xvesn5

Je besser Sie sich vorbereiten und üben, desto weniger hängen Ihre Klausurergebnisse vom Zufall ab. Ein bisschen Glück gehört zwar immer dazu, aber gewünscht sei Ihnen vor allem eines:

Viel Erfolg!